SNS에서 퍼올린

하루 한 말씀

SNS에서 퍼올린

하루 한 말씀

강학종 지음

베드로서원

머 리 말

제가 쓴 책 중에 〈쉽게 보는 어려운 요한계시록〉이라는 책이 있습니다. 남들이 다 어렵다고 하는 요한계시록을 나름대로 쉽게 풀었다고 생각해서 붙인 제목입니다. 그 책이 나오고 얼마나 지났을까요? 누군가 물었습니다.

"책 잘 나가죠?"

"아뇨"

"에이, 엄살 말고요."

"정말이에요."

"왜요? 내용 좋던데, 아주 명쾌하던데요…"

"그러게요, 읽는 사람마다 좋다고는 하는데 책은 통 안 나가네요."

정말 그랬습니다. 그 책을 교정보신 분은 제법 연세가 있으신 분이었습니다. 그분이 평생 기독교 서적을 교정보면서 은혜를 받아보기는 처음이라고 했다고 합니다. 그런데도 독자들 반응은 신통하지 않으니 계시록은 읽어봐야 모르는 책이라는 편견이 그만큼 두터운 모양입니다. 아무리 제목에서 쉽게 썼다는 사실을 강조해도 그 정도로는 통하지 않았습니다.

"목사님, SNS 안 하시죠?"

"SNS요?"

"SNS로 광고해보세요. 광고야 입소문이 최고죠."

일리 있게 들렸습니다. 개척 직후 교회 홈페이지에 〈오늘의 칼럼〉이라는 코너가 있었습니다. 그 시절에는 새벽기도를 마치면 칼럼을 쓰는 것으로 하루 일과를 시작하곤 했습니다. 칼럼을 쓰다 보니 점점 조회 수가 늘었습니다. 어떻게 알고 접속하는지 신기했습니다.

기독교 신자를 대상으로 하는 결혼정보회사가 있나 봅니다. 직원들이 아침마다 제 칼럼을 같이 본다고 하더니만 창립 1주년 때는 축하 화분을 보내왔습니다. 그랬던 기억이 있으니 SNS에 꾸준히 글을 올리면 누군가 와서 볼 테고, 그들을 대상으로 책을 소개하면 되겠다 싶었습니다.

이렇게 해서 SNS에 입문했고, 매일 아침 정해진 시간에 규칙적으로 글을 올렸습니다. 가끔은 제가 쓴 책에 있는 내용을 올리면서 출처를 밝히기도 했습니다. 그러던 중에 SNS에 올린 내용을 책으로 엮으면 좋겠다는 분이 계셨습니다. 처음에는 의례적인 칭찬으로 여겼습니다. 그렇게 격려를 해주는 것은 참 고마운 일입니다. 그런데 그때 한 번으로 끝나지 않았습니다. 얼마 후에 또 같은 얘기를 들었습니다.

삼인성호(三人成虎)라고 했던가요? 사람 셋이 모이면 없는 호랑이도 만들어냅니다. 같은 말을 계속 들으면 참말로 여겨지는 법입니다. 누군가 또 그런 말을 했습니다. 슬그머니 욕심이 생겼습니다. 그리고 이렇게 책으로 나오게 되었습니다.

그나저나 제가 왜 책을 낼까요? 물론 주변에서 권하기는 했습니다. 하

지만 주변에서 권한다는 이유로 책을 낸다는 것은 말이 안 됩니다. 저한테
도 책을 낼 마음이 있기 때문입니다. 혹시 공명심 때문일까요? 아니라고 말
하고 싶지만 자신은 없습니다. 그래서 기도합니다. "주님, 저한테 공명심이
있으면 꾸짖어 주옵시되 제 공명심을 연고로 해서라도 유익을 얻는 사람은
있었으면 좋겠습니다. 바라오니 제 공명심이라도 사용해 주옵소서."

청빈이나 성실처럼 바람직한 덕목이 쓰임 받지 못하고 한낱 공명심이 쓰
임 받는다는 것은 참으로 부끄러운 일입니다만 솔직한 고백입니다. 주님
앞에 도무지 꺼내 보일 것이 없습니다. 그런 심정으로 또 한 권의 책을 내
놓습니다.

끝으로 베드로서원 방주석 장로님과 출판사 가족들께 고마움을 전합니
다. 제가 SNS에 올리는 글마다 꼬박꼬박 댓글을 남기며 관심을 보여주신
분들 역시 고마운 분들이고, 잊을 만하면 한 번씩 출판을 권해주신 분들도
참 고마운 분들입니다. 특히 처제 이은경 집사의 도움이 컸습니다. 이 자리
를 빌려 다시 한 번 고마움을 전합니다.

예전에 그런 말을 들은 적이 있습니다. 글을 읽으면 정보를 얻든지, 감동
을 얻든지, 재미를 얻든지 셋 중에 하나는 얻어야 한다고 합니다. 이 책도
그랬으면 좋겠습니다.

주후 2019년 10월
하늘교회 목사 강 학 종

차 례

3. 일상 속에서

4. 역사와 함께

5. 마음 속 가득한 생각

1

SNS를 하나남게

선악과 이야기

하나님이 왜 선악과를 만들었느냐는 질문을 지금까지 몇 번이나 들었는지 모르겠습니다. 하도 많이 들어서 대답이 미리 준비되어 있습니다.

이런 대화를 생각해 보십시오.

"혹시 개고기 드세요?"

"아뇨, 못 먹습니다."

"왜요? 입에 안 맞으세요?"

"그건 아닌데요."

"그럼 왜요?"

"실은……, 없어서요."

어떻습니까? 없어서 못 먹는 것도 못 먹는 것 축에 끼는 겁니까? 선악과를 먹고 싶은 마음은 굴뚝같습니다. 눈에 보이기만 하면 당장 먹을 겁니다. 그런데 없어서 못 먹었습니다. 그것도 선악과를 먹지 말라고 한 말씀에 순종한 것과 같은 가치를 갖습니까?

선악과를 먹지 말라는 얘기가 선악과를 먹지 않은 상태를 유지하라는 뜻일까요, 선악과를 먹지 않는 수준이 되라는 뜻일까요? 당연히 상태가 아닌 수준입니다. 왜 선악과를 만들었느냐고 묻는 것은 선악과를 먹지 않는 수준이 되어야 하는 자기 책임을 왜 자기로 선악과를 먹지 않은 상태가 되게 하지 않았느냐고, 하나님께 떠넘기는 수작이 됩니다.

또 있습니다. 잠깐 에덴동산을 상상해보시겠습니까? 어떻습니까? 맑은 시내가 흐르고, 아름다운 꽃이 만발하고, 토끼와 다람쥐가 뛰노는 곳인가요? 그러면 에덴동산의 크기는 어느 정도로 상상했습니까? 잠실운동장? 여의도광장?

성경에 보면 에덴동산에서 네 강이 발원했다고 합니다. 비손, 기혼, 힛데겔, 유브라데입니다. 서울을 중심으로 강 네 개를 꼽으면 한강, 임진강, 소양강, 한탄강입니다. 네 강이 발원한 것과 같은 얘기는 아닙니다만 어쨌든 에덴동산이 상당히 넓었던 것은 분명합니다. 아담, 하와가 평생을 돌아다녀도 한 번도 못 가 본 곳이 있을 만한 규모였습니다. 하나님의 은혜는 평생 받아 누려도 다 받아 누릴 수 없는 것과 같습니다.

그런데 하고많은 곳 중에 왜 하필 선악과나무가 있는 곳에 갔을까요? 에덴동산이 잠실운동장만 한 크기였으면 자기들 의사에 관계없이 늘 선악과나무를 봐야 했습니다만 에덴동산은 그 정도 규모가 아니었습니다. 일부러 찾아가지 않으면 그 근처에 갈 일이 없습니다. 그런데 왜 갔을까요?

한 가지 더 있습니다. 어느 집에서나 엄마와 아이는 서로 이해를 못하는 부분이 있기 마련입니다. 아이는 아이대로 엄마를 이해하지 못합니다. 대체 왜 그렇게 잔소리가 심한지, 자기가 공부를 안 하겠다는 것도 아니고 게임 잠깐 하고 공부하겠다는데 왜 잠시도 못 기다리고 안달복달인지 이해를 못합니다.

엄마는 엄마대로 아이를 이해하지 못합니다. 왜 그렇게 공부하기를 싫어

하는지, 지금 공부를 잘해두면 평생 유익한데 왜 한사코 놀려고만 하는지 도무지 이해를 못합니다. 결국 어떤 것을 이해하지 못하느냐 하는 것은 그 사람의 수준과 관계된 문제입니다.

우리는 하나님이 왜 선악과를 만들었는지를 의아하게 생각하면 안 됩니다. 왜 아담, 하와가 선악과를 먹었는지를 이해하지 못해야 합니다. 하나님이 먹지 말라고 했는데 왜 먹는단 말입니까? 하나님은 먹으면 죽는다고 했고, 뱀은 죽지 않는다고 했으니 둘 중에 누구 말을 믿어야 합니까? 대체 무슨 정신으로 하나님 말씀을 무시하고 뱀이 하는 얘기를 듣는단 말입니까? 아담, 하와는 대체 IQ가 있는 겁니까, 없는 겁니까?

그런데도 아담, 하와가 왜 선악과를 먹었는지는 궁금하게 여기지 않고 하나님이 왜 선악과를 만들었는지를 궁금하게 여기는 것은 무슨 영문일까요? 뻔합니다. 선악과를 따먹은 자와 한통속이기 때문입니다. 그 피가 우리한테도 흐르고 있다는 반증입니다.

이스라엘의 3대 절기

유월절, 맥추절, 수장절을 이스라엘의 3대 절기라고 합니다. 하나님께서 허락하신 구원을 이스라엘의 삶 속에서 기억하게 하신 것입니다.

유월절은 히브리력으로 1월 14일입니다. 유월(逾越)은 '넘어갔다'는 뜻입니다. 한자로 '넘을 유(逾)'와 '넘을 월(越)'을 씁니다.

출애굽 직전에 하나님이 애굽의 모든 장자를 심판했습니다. 그때 출입문에 양 피를 바른 집에는 심판이 임하지 않았습니다. 죽음의 천사가 방문하지 않고 그냥 유월했기 때문입니다. 유월절은 그것을 기념하는 절기입니다.

유월절 다음날인 1월 15일부터 21일까지 일주일이 무교절입니다. 이때는 누룩이 들어가지 않은 떡인 무교병을 먹습니다. 누룩은 성경 여러 곳에서 죄를 나타냅니다. 하나님의 은혜로 구원 얻었으면 죄 없는 삶을 살아야 합니다. 이 말을 뒤집을 수도 있습니다. 하나님은 우리로 죄 없는 삶을 살게 하기 위해서 우리를 구원하셨습니다.

무교절 기간이 일주일이기 때문에 무교절 중에 안식일이 있게 되는데, 그 다음날이 초실절입니다. 주님이 우리를 위한 부활의 첫 열매인 것을 보여줌니다. 유월절 어린양으로 십자가에 달리신 주님이 안식 후 첫날 부활했습니다.

초실절에서 칠 주를 계수한 다음날이 맥추절입니다. 칠 주를 일곱 번 계수한다고 해서 칠칠절이라고도 하고, 칠 주를 일곱 번 계수한 다음날부터 지킨다고 해서 오순절이라고도 합니다. 오순절(五旬節)의 순(旬)은 '10'을 말합니다. 사도행전에서 성령님이 강림하신 날로 유명합니다.

맥추절은 밀 추수를 감사하는 절기입니다. '맥'이 '보리 맥(麥)'이기 때문에 보리 수확을 감사하는 절기로 오해할 수 있는데, 이때 수확하는 것은 밀입니다. 한자로 보리를 '대맥(大麥)', 밀을 '소맥(小麥)'이라고 합니다.

초실절이 우리를 위해서 부활의 첫 열매 되신 예수님을 보여준다면 맥추절은 예수님의 사역으로 말미암은 첫 열매를 보여줍니다. 오순절에 성령님이 강림하신 것이 바로 그렇습니다. 전승에 따르면 모세가 십계명을 받은 날이 출애굽 50일째 되는 날이었다고 합니다. 계명이 주어져야 하나님의 백성으로 살 수 있는 것처럼 오순절 성령 강림으로 우리가 비로소 신자로 살 수 있게 되었습니다.

7월 15일부터 일주일 동안은 수장절입니다. 한 해 농사한 모든 수확물을 창고에 수장(收藏)한 다음에 지키는 절기입니다. 수확(收穫)한다고 하는 '수(收)'와 저장(貯藏)한다고 하는 '장(藏)'을 씁니다. 오늘날의 추수감사절에 해당합니다.

수장절에는 이스라엘이 출애굽했을 때 광야에서 초막생활을 한 것을 기념하여 초막(장막)에서 생활했습니다. 그래서 초막절, 또는 장막절이라고도 합니다. 이 땅에서 나그네로 살아가는 우리의 모습을 그대로 보여줍니다. 비록 초막에서 지낼망정 창고 가득 수확물이 있으니 절대 궁핍한 신세가 아닙니다. 초막에 누워서 창고의 수확물을 생각하면 저절로 입이 벌어질 것입니다. 창고에 가득한 수확물은 우리를 위해서 예비 된 하늘 보화를 상징합니다.

알기 쉽게 비유해 볼까요? 백수로 지내던 청년이 취직을 했습니다. 백수에서 직장인으로 신분이 바뀐 것입니다. 이것이 유월절입니다. 맥추절을 지키는 것은 첫 월급을 받은 것에 해당하고, 수장절을 지키는 것은 열심히 적금 부어서 목돈을 마련한 것에 해당합니다.

직장인과 백수는 엄연히 다른 신분입니다. 하지만 첫 월급을 받기 전에는 교통비나 점심값도 스스로 해결하지 못하고, 조카 용돈도 못 줍니다. 달라진 신분을 실감하려면 첫 월급을 받아야 합니다.

하지만 첫 월급으로 할 수 있는 것은 그리 많지 않습니다. 건실한 사회인으로 살아가려면 첫 월급만 받을 게 아니라 직장생활을 계속 해야 합니다. 돈 모아서 결혼도 해야 하고, 집도 장만해야 합니다.

즉 유월절은 우리가 얻은 구원을 기념하는 절기이고, 맥추절은 우리가 신자로 살 수 있게 된 것을 감사하는 절기이고, 수장절은 우리 구원의 완성을 예표하는 절기입니다.

유월절을 지키십니까?

한때 〈여호와의 증인〉에서 "크리스마스는 예수님이 태어난 날이 아닌 것을 아십니까?"라는 질문으로 접근하곤 했습니다. 그런 말을 들으면 당혹할 수 있습니다. 크리스마스가 예수님 태어난 날이 아니면 무슨 날이라는 말입니까?

어떤 말이든지 그 말 자체보다 그 말을 하는 동기가 중요합니다. 그 말을 왜 하는지를 따져봐야 합니다. 〈여호와의 증인〉에서 그런 얘기를 하는 것은 예수님 탄생에 대한 정확한 정보를 주려는 것이 아닙니다. "예수님이 태어난 날도 아닌데 왜 야단법석이냐?"라는 말로 우리의 구원을 위해서 이 땅에 오신 예수님의 사역을 무시하려는 것입니다.

크리스마스는 예수님 생일이 아니라 예수님 생일을 기념하는 날입니다. 예수님이 언제 태어났는지 무슨 수로 압니까?

예수님이 태어났을 때 목자들이 밖에서 양을 치다가 천사로부터 그 소식을 들었습니다. 그때가 봄이었다는 뜻입니다. 그런데 12월이면 겨울이고, 게다가 팔레스타인의 12월은 우기입니다. 밖에서 양을 칠 수 있는 시기가 아닙니다. 예수님 생일이 언제인지는 몰라도 12월 25일은 아닌 것이 분명합니다.

12월 25일을 예수님 생일로 정한 것은 주후 354년의 일입니다. 천사 가브리엘이 마리아를 찾아와서 예수님의 수태를 알린 날이 3월 25일이라고 합니다. 거기에 9개월을 더한 것이 12월 25일입니다. 가브리엘이 마리아를 찾아온 날도 정확하게 3월 25일이 아닙니다. 당시에는 3월 25일이 새해 첫날이어서 그렇게 정한 것입니다.

그런데 〈여호와의 증인〉에서는 그렇게 얘기하지 않습니다. 12월 25일은 로마에서 태양신을 섬기는 날이었는데 왜 크리스마스로 지키느냐고 합니다.

제가 공부한 신학교는 한때 남산에 있었습니다. 일제강점기에 신사가 있던 곳입니다. 신사를 허물고 그 자리에 신학교를 세웠습니다. 그러면 "우상을 섬기던 곳에 세운 학교에서 왜 신학을 공부하느냐?"라고 해야 할까요? 오히려 우상을 박살낸 쾌거 아닐까요?

유월절을 지키는 것을 트레이드마크처럼 내세우는 이단도 있습니다. 유월절은 이스라엘의 출애굽 직전에 하나님께서 직접 정하신 절기입니다. 하나님께서 "너희는 이날을 기념하여 여호와의 절기를 삼아 영원한 규례로 대대로 지킬지니라(출 12:14)"라고 말씀하셨습니다. 그래서 그들은 유월절을 강조합니다. "우리는 성경대로 유월절을 지킵니다. 당신들은 왜 안 지킵니까?"라고 하면 뭐라고 해야 합니까?

하나님께서 이스라엘에게 유월절을 지키라고 말씀하신 이유는 구원 얻은 것을 기억하라는 뜻입니다. 그때 그들은 출입문에 양 피를 발라서 구원 얻었습니다. 그것을 기념하는 절기가 유월절입니다.

혹시 우리 중에 출입문에 양 피를 발라서 구원 얻은 사람이 있다면 유월절을 지키는 것이 맞습니다. 하지만 그런 식으로 구원 얻은 사람은 없습니다. 예수님께서 친히 부활하심으로 우리의 구원을 선포하셨습니다. 유월절을 완성한 것이 주님의 부활이기 때문에 우리는 부활절을 지킵니다. 또 예수님이 안식 후 첫날, 즉 주일에 부활했습니다. 그래서 우리는 주일을 지킵니다.

예수님께서 부활하신 마당에 유월절을 고집한다는 얘기는 성경 말씀을 충실하게 지킨다는 뜻이 아니라 예수님의 부활로 말미암은 구원을 무시한다는 뜻입니다. 유월절을 지키는 것은 마치 애인이 군대 갔을 때 애인 사진을 보며 지내는 것과 같습니다. 애인이 보고 싶지만 없는 것을 어떻게 합니까?

그런데 예수님이 부활했습니다. 군대 갔던 애인이 제대했습니다. 그런데도 여전히 유월절을 얘기하는 것은 애인 사진만 보면서 제대한 애인을 만나지 않는 것과 같습니다. 그런 사람이 있다면 아마 보고 있는 사진 속의 사람도 애인과 다른 사람일 것입니다. 그래서 이단입니다.

대신 vs 대표

예수님이 공생애 사역을 시작하시면서 먼저 요한에게 세례를 받았습니다. 예수님은 죄가 없으신 분입니다. 세례를 받을 필요가 없습니다. 그런데도 세례를 받으셨습니다.

예수님이 세례를 받지 않았으면 어떻게 되었을까요? 세례를 받지 않은 채 사역하시다가 십자가에 달려 돌아가시면 우리 구원에 문제가 생기나요? 문제가 안 생긴다면 예수님은 해도 그만이고 안 해도 그만인 일을 하신 건가요? 설마 예수님이 그렇게 한가하셨을까요?

잠깐 말장난 좀 해볼까요? "예수님이 우리 대신 죽으셨다가 부활하셨다."가 맞는 말일까요, 틀린 말일까요?

예수님이 우리 대신 죗값을 치르셨습니다. 우리 죗값이 예수님의 십자가에서 다 해결되었습니다. 우리는 죗값을 치를 필요가 없습니다. 그러면 부활은요? 본래 우리가 부활해야 하는데 예수님이 대신 부활하셨나요? 그래서 우리는 부활할 필요가 없나요?

예수님의 죽으심과 부활에는 '대신'의 의미만 있는 것이 아니라 '대표'의 의미도 있습니다.

중학교 1학년 때의 일입니다. 복도에서 갑자기 "여기 반장 누구야? 반장 나와!" 하는 소리가 들렸습니다. 학생 주임 선생님이었습니다. 얼른 나가서 무슨 일인지 여쭸더니 신발장 정돈이 엉망이라며 제 뺨을 때렸습니다. 제가 반을 대표해서 야단맞은 것이었습니다.

교장 선생님이 나무라는 경우로 바꿔볼까요? 그때 저희 반 담임 선생님이 옆에 계시다가 "제가 이 반 담임입니다. 저를 야단쳐 주십시오."라고 했다면, 그때는 반을 대표한 것이 아니라 대신한 것입니다.

반장은 반을 대표할 수 있지만 선생님은 대표할 수 없습니다. 학생들과 같은 신분이 아니기 때문입니다. 아무나 대표를 할 수 있는 것이 아닙니다. 대표하는 집단과 같은 신분이라야 가능합니다.

예수님이 세례를 받은 이유가 여기에 있습니다. 정말로 우리와 같아지셨습니다. 예수님의 죽음이 우리 죽음이 되고 예수님의 부활이 우리 부활이 될 수 있는 이유입니다.

모세와 여호수아

홍해를 건넌 이스라엘이 르비딤에서 아말렉과 싸우게 됩니다. 모세가 팔을 들고 기도를 하면 이스라엘이 이기고 피곤해서 팔을 내리면 이스라엘이 지기를 반복하다가, 아론과 훌이 양쪽에서 모세의 팔을 붙들어 내려오지 않게 하자 결국 이스라엘이 이긴 전투입니다.

모세는 싸움의 본질을 제대로 알았습니다. 여호수아를 불러 아말렉과 싸우게 하고 자기는 산 위에 올라가서 기도를 했습니다. 이 싸움은 기도에 달려 있다는 것입니다.

하지만 싸움이 기도에 달려 있는 것을 아는 것과 실제로 기도를 하는 것은 다릅니다. 히브리인들은 양팔을 들고 기도를 했는데, 그런 자세로는 오래 기도하기가 힘듭니다. 그런데 팔이 피곤해서 기도를 쉴 때마다 이스라엘이 밀립니다.

얼마나 안타까웠을까요? 자기가 기도를 쉴 때마다 동족이 죽어 넘어집니다. 그것을 뻔히 보면서도 기도할 수 없었으니 정말 답답한 노릇입니다.

그런데 이해가 안 되는 게 있습니다. 모세가 피곤했다는 얘기는 있는데 여호수아가 피곤했다는 얘기는 없기 때문입니다. 누가 더 힘든 일을 하고 있을까요? 물론 모세도 힘들었을 것입니다. 오죽 힘들면 동족이 죽어 넘어지는 것을 보면서도 기도를 못했을까요? 그럼 여호수아는 놀고 있습니까? 여호수아는 피가 튀고 살점이 떨어져 나가는 싸움을 직접 싸우고 있습니다. 힘들기로 얘기하면 모세보다 훨씬 더 힘듭니다. 그런데 여호수아는 팔팔하고 모세만 피곤했습니다.

주변에서 흔히 볼 수 있는 모습 그대로입니다. 세상을 살아가는 일은 아무리 힘들어도 넉넉히 감당합니다. 그런데 영적인 일은 그렇지 않습니다. 걸핏하면 피곤이 몰려옵니다.

세상에 대한 목마름은 늘 있습니다. 그것을 얻기 위한 수고도 기꺼이 감수합니다. 아무리 힘들어도 자기가 감당해야 할 일로 여깁니다. 신앙적인 일은 다릅니다. 목마름 자체가 없으니 힘든 것을 감수할 이유도 없습니다. 늘 피곤하고 늘 힘듭니다. 언제까지 이래야 하는지 모르겠습니다.

선데이 크리스천 유감

신학대학원 재학 시절 친구들끼리 얘기하다 보면 한국 교계의 현실을 성토하는 얘기가 나오기도 했습니다. 기업화한 대형 교회가 문제다, 자기 교회만 챙기는 개교회주의가 문제다, 목사의 과중한 설교 부담이 문제다, 기복신앙이 문제다 등등의 얘기와 함께 항상 성토 대상이 되던 것이 '선데이 크리스천'입니다.

일주일 중의 하루, 주일에만 예수를 믿는 사람을 선데이 크리스천이라고 합니다. 선데이 크리스천은 몇 가지 특징이 있습니다. 우선 주일예배는 빠지지 않습니다. 찬양대나 교회학교 교사로 봉사도 합니다. 십일조도 합니다. 성경도 제법 압니다. 선데이에는 크리스천이니 당연합니다. 그런데 삶에서는 크리스천의 향기가 풍기지 않습니다. 주일에는 예수를 믿는 것 같았는데 월요일부터 토요일에는 세상 사람과 구별이 안 됩니다.

이런 선데이 크리스천은 분명히 문제가 됩니다. 일주일에 하루, 예배당에서만 예수를 믿으면 세상의 빛과 소금이 될 재간이 없습니다. 땅끝까지 이르러 주님의 증인 노릇도 못 합니다. 그런 식으로 예수를 믿는 사람은 아무리 많아져도 세상이 바뀌지 않습니다.

그런데 얼마 전에 모였을 적에는 다른 얘기가 나왔습니다. 한 친구가 말했습니다.

"신학생 때는 선데이 크리스천이 문제인 줄 알았는데 현실을 너무 모르는 얘기였어. 목회를 해보니까 그게 아니야."

"무슨 얘기야?"

"선데이 크리스천은 전혀 문제가 안 돼."

"그럼?"

"선데이 크리스천이 문제가 아니고 선데이 크리스천도 못 되는 게 문제야. 나는 우리 교회 교인들이 제발 선데이 크리스천이라도 되어줬으면 좋겠어. 주일에도 예수를 안 믿으면 대체 어떻게 하자는 얘기야?"

그 얘기에 전부 맞는 말이라며 웃었는데, 사실 웃을 얘기가 아닙니다. 피를 토하면서 회개해야 할 얘기입니다. 선데이 크리스천을 걱정하는 것과 부러워하는 것은 하늘과 땅 차이입니다. 아무래도 예수님이 우리를 새로운 피조물로 만드시기 위해서 십자가에 달리신 것이 아니라 일주일에 한 번 예배 빼먹지 말라고 십자가에 달린 것 같습니다.

중학생 시절, 어머니께서 가끔 하시던 말씀이 있습니다. "너를 아들이라고, 너 낳고 미역국 먹은 게 아깝다!" 예수님도 같은 말씀을 하실 것 같습니다. "너를 신자라고, 너 때문에 흘린 피가 아깝다!" 정말 통곡할 노릇입니다. 우리가 통곡하든지, 예수님이 통곡하든지 말입니다.

선데이 크리스천

이은경

나는 기도하기 좋아하고
나는 찬송하기 좋아하고
나는 말씀 듣기 좋아하고
나는 하나님을 사랑해요
오늘은, 바쁜 일이 있어서
1부 예배로 받아주세요
그리고 늘 그렇듯
교회에만 계세요
따라 나올 생각 마시고,
다음 주일에 뵐게요

신자면 신자답게

기독교인으로 실존하는 것은 기독교에 대해 사유하는 것이 아니라 기독교인으로 행동하는 것이다 〈키르케고르〉

오래전, 어떤 책에서 "시의 고금과 양의 동서를 막론하고 인간이라는 존재는 항상 무한자를 동경하여 왔다."라는 구절을 읽은 기억이 있습니다. '동서고금을 막론하고'라는 말은 종종 들어보았지만 '시의 고금과 양의 동서를 막론하고'라는 표현은 처음 들어보았습니다. 왜 그런 표현을 썼을까요? 그렇게 쓰는 것이 더 격조 있게 느껴져서 그랬을까요?

그렇다고 해서 '동서고금을 막론하고'로 고쳐야 하느냐 하면, 그렇지도 않습니다. 그 말도 안 쓰는 편이 낫습니다. 그 말이 들어갔다고 해서 뜻이 더 명확하게 되는 것이 아니기 때문입니다. "인간에게는 종교적인 본성이 있다."라고 하면 간단합니다.

말을 어렵게 한 것은 키르케고르도 만만치 않습니다. (번역의 문제일 수도 있겠네요.) 저 같으면 "예수는 마음으로 믿는 것이 아니라 몸으로 믿는 것이다. 마음으로 믿는 것은 꽝이다."라고 할 텐데, 왜 이렇게 어렵게 말했는지 모르겠습니다.

말을 어렵게 했으니 설명을 해야 합니다. 인간으로 태어났다고 해서 저절로 인간적인 것은 아닙니다. 마찬가지로 교회에 출석한다고 해서 그가 기독교적인 것도 아닙니다.

키르케고르는 스스로 인간적이 아니면 인간인 체하지 말라고 상당히 직설적으로 얘기한 바 있습니다. 위의 말도 삶이 기독교적이 아니면 기독교인인 체하지 말라는 뜻입니다. 기독교인이 되려면 매사에 기독교적으로 행동하고 인간이 되려면 매사에 인간적으로 행동하라는 것이 그가 얘기한 실존의 의미입니다.

이런 얘기를 하면서 키르케고르는 비본질적으로 살면 안 된다는 말을 합니다. 어떻게 하는 것이 비본질적으로 사는 것일까요? 자기 본질에 어울리지 않게 사는 것이 비본질적으로 사는 것입니다. 기독교인이면서 기독교적으로 살지 않는 것, 인간이면서 인간적이지 않게 사는 것이 비본질적으로 사는 것입니다.

그러면 얼마만큼 신자로 살아야 할까요? 신자는 신자답게 살아야 한다는 말에 아니라고 할 사람은 없는데, 대체 얼마만큼 신자로 살면 신자다운 것일까요?

오래전에 이 질문을 받은 적이 있습니다. 아마 설교 중에 신자답게 살아야 한다는 말을 했던 모양입니다. "목사님은 신자답게 살라고 하시는데, 얼마만큼 신자다우면 됩니까?" 글쎄요, 얼마만큼 신자다우면 신자로 합격일까요? 그때 저는 이렇게 답했습니다. "불신자 때 불신자다웠던 것만큼 신자다우면 됩니다."

말장난일까요? 당연한 얘기 아닙니까? 불신자 때 틈틈이 신자 흉내를 낸 사람은 없을 것입니다. 불신자 때는 철저히 불신자였습니다. 그러면 신자가 된 다음에는 철저히 신자여야 합니다. 틈틈이 불신자 흉내를 낼 이유가 없습니다. 제 얘기가 아니라 성경에 있는 말씀입니다.

전에 너희가 너희 지체를 부정과 불법에 내주어 불법에 이른 것같이 이제는 너희 지체를 의에게 종으로 내주어 거룩함에 이르라(롬 6:19)

우리는 전에 불신자 때 불신자다웠던 것만큼 신자다워야 하는 사람들입니다. 최소한 그렇습니다.

롯 같은 인생

"성경에 나오는 사람 중에 누가 제일 좋습니까?"라고 물으면 다양한 답이 나올 수 있습니다. 요셉이나 다니엘이 제일 좋다는 사람도 있을 수 있고 바울이 제일 좋다는 사람도 있을 수 있습니다. 어쩌면 여자들 중에는 에스더를 좋아한다는 사람도 있을 것 같습니다. "나는 앞에 나서는 것보다 뒤에서 조용히 돕는 게 좋다. 그래서 바나바를 좋아한다."라는 얘기를 들었던 기억도 있습니다. 하지만 지금까지 롯을 좋아한다는 얘기는 들어보지 못했습니다.

롯은 소돔, 고모라가 멸망하는 와중에 구원받은 사람입니다. 하지만 우리 중에 롯을 좋아하는 사람은 아무도 없습니다. 롯에게는 신앙 귀감이 될만한 모습이 도무지 없습니다. 롯도 스스로 알 것입니다. 천국에 있는 롯이 성경에 기록된 자신의 행적을 생각할 때마다 무척이나 난처할 것입니다.

그런데 이상한 사실이 있습니다. 롯을 좋아한다는 사람은 없는데, 주변에서 들리는 모든 간증은 롯이나 할 법한 것들이기 때문입니다. 소돔, 고모라가 유황불로 심판받는 중에 구원을 얻은 롯이 간증을 한다면 어떤 간증을 하겠습니까?

"모든 것이 하나님의 은혜입니다. 모두가 다 멸망했는데 저와 두 딸만 구원받았습니다. 저는 애초부터 소돔에 살면 안 되는 사람이었습니다. 그런데 철이 없었습니다. 그때는 소돔이 왜 그리 좋아 보였는지요? 그런 저를 깨우치기 위해서 하나님은 전쟁을 동원하기도 하셨습니다. 그런데 저는 포로로 끌려갔다 온 다음에도 정신을 차리지 못해서 소돔을 고집했습니다. 이런 저를 외면하지 않으시고 구원해주신 하나님의 은혜가 참으로 놀랍습니다." 아마 이런 내용일 것입니다.

우리 중에 그런 롯의 인생을 부러워할 사람은 없습니다. 그런데 전부 롯처럼 살아갑니다. 롯의 경험이 곧 우리의 경험입니다. 신자답게 살아서 하나님께서 예비하신 복락을 마음껏 받아 누린 경험은 없고, 신자답게 사는 일에 실패했음에도 불구하고 하나님의 긍휼을 힘입어 진노 대신 부스러기 은혜를 받았던 경험만 있습니다.

〈광수생각〉이라는 만화가 있습니다. 거기에서 짜장면을 그린 한 컷짜리 만화를 본 기억이 있습니다. 지면 가득 짜장면 그림이 있고 밑에 이렇게 설명되어 있었습니다. "인생은 어쩌면 짜장면 같은 것인지도 모른다. 누가 어떤 방식으로 비비든 결과는 늘 짜장면이다."

일리 있는 얘기입니다. 어차피 인생은 똑같습니다. 남자로 태어나든지 여자로 태어나든지, 부자로 살든지 가난하게 살든지, 열 살에 죽든지 백 살에 죽든지 결국 똑같습니다. 심지어는 살인강도로 살든지, 청렴결백하게 살든지 결과는 똑같습니다. 단, 불신자의 인생에 한해서 그렇습니다.

신자는 그렇지 않습니다. 아브라함도 구원 얻었고, 롯도 구원 얻었습니다. 하지만 우리 중에 아브라함과 롯을 똑같다고 할 사람은 없습니다. 우리가 아브라함과 롯을 다르게 얘기하는 이유는 그들이 다른 인생을 살았기 때문입니다.

물론 하나님은 우리의 인생 속에서 모든 것이 합력하여 선을 이루게 하시는 분입니다. 우리가 즐겨 순종하면 즐겨 순종한 대로 선을 이루실 것이고, 게으르고 불순종하면 게으르고 불순종한 대로 선을 이루실 것입니다.

하지만 하나님께서 선을 이루도록 어떤 재료를 모아 드렸는지는 우리 책임으로 남습니다. 그 재료를 모으는 과정이 우리에게 주어진 신앙생활입니다. 우리는 마땅히 하나님께 가장 좋은 것만 모아 드려야 합니다.

우리의 진짜 욕구

걸핏하면 주일예배에 빠지더니 언젠가부터 정상적으로 예배에 참석하는 것은 물론이고, 찬양대원으로 봉사도 하는 분이 있습니다. 한동안 즐기던 술도 끊었다고 합니다. 그런 분이 이런 얘기를 했습니다. "술을 끊게 될 줄 진작 알았으면 술 끊기 전에 룸살롱에 한 번 가 보는 건데 그게 좀 아쉬워요."

술을 끊었다는 얘기는 신자가 추구할 가치를 바로 알았다는 뜻입니다. 그런데 룸살롱에 안 가본 것이 왜 아쉬울까요? 거기에 가봐야 공연히 헛돈만 쓰고 후회만 남을 걸 모르지 않습니다. 그러면서 그것을 아쉬워하는 것은 무슨 경우입니까?

중학생 시절, 시험 때가 되면 벼락치기를 하곤 했습니다. 졸음이 쏟아지면 어머니에게 몇 시에 깨워 달라는 얘기를 하고 눈을 붙입니다. 그렇다고 해서 어머니가 깨우면 벌떡 일어나느냐 하면 그렇지 않습니다. 10분만 더 잔다면서 한사코 일어나지 않습니다. 심한 경우에는 화를 내기도 했습니다.

어느 쪽이 진짜 제 모습입니까? 깨워달라고 부탁할 때입니까, 10분만 더 잔다고 짜증 부릴 때입니까? 앞의 경우로 말씀드리면 술을 끊은 모습이 진짜 그 사람입니까, 룸살롱에 못 가본 것을 아쉬워하는 모습이 진짜 그 사람입니까?

사람은 특이한 존재입니다. 서로 모순되는 욕구를 동시에 느끼는 것이 가능합니다. 공부를 해야 한다고 하면서도 잠을 자고 싶어 하고, 술을 끊었다고 하면서도 룸살롱에 대한 미련을 갖습니다.

짐승에게는 이런 모순이 없는데 사람에게는 있습니다. 왜냐하면 하나님이 흙으로 사람을 지으시고는 그 코에 생기를 불어넣었기 때문입니다.

사람에게는 영혼과 육체가 있습니다. 천사나 귀신처럼 영혼만 있는 것도 아니고 짐승처럼 육체만 있는 것도 아닙니다. 우리의 영혼은 영에 속한 욕구를 느끼고 우리의 육체는 육에 속한 욕구를 느낍니다.

문제는 어느 욕구가 어느 욕구를 제어하느냐 하는 것입니다. 단, 어느 욕구에 순종하든지 그 욕구에 순종하는 것은 우리 육신입니다. 영에 속한 욕구에 순종하는 것도 육신이고 육에 속한 욕구에 순종하는 것도 육신입니다.

우리에게 있는 신앙은 영적인 문제입니다. 하지만 영적인 문제라고 해서 영적인 영역으로 제한되지 않습니다. 육체가 움직이지 않으면 신앙을 나타낼 방법이 없습니다. 신앙은 육체로 나타나는 법입니다. 우리 영혼이 하나님을 예배하는 것이 아니라 우리 육체가 하나님을 예배합니다. 영이 아무리 거룩해도 그 거룩이 육체에 반영되지 않으면 무효입니다.

이 얘기를 확대하면 어떻게 되겠습니까? 우리가 신앙을 나타낼 곳은 교회가 아니라 삶의 현장입니다. 우리끼리 거룩하면 되는 것이 아니라 세상 사람들 틈바구니에서 거룩해야 합니다.

신앙은 우리끼리 있는 자리에서 기도하고 찬송하는 것으로 나타내는 것이 아닙니다. 이 세상을 살아가는 삶의 원칙으로 나타내야 합니다. 간혹 세상을 원망하는 사람들이 있습니다. 신앙생활을 제대로 하고 싶어도 세상이 자기를 가만 두지 않는다는 것입니다. 세상이 자기를 가만 두면 자기가 신앙을 나타낼 기회가 아예 없어지는 것을 모르는 모양입니다. 도로에 차가 없으면 운전할 수 있는데 차가 많아서 운전하지 못하겠다고 하는 격입니다.

세상이 우리를 가만 두지 않는 것은 세상이 자기 할 일을 제대로 하고 있기 때문입니다. live를 뒤집으면 evil이 되고, lived를 뒤집으면 devil이 됩니다. 이 세상 삶이 본래 악과 죄로 가득합니다. 우리가 그런 세상을 살고 있습니다.

예전에 영어공부를 밤에만 했더니 낮에는 영어가 잘 안된다는 우스갯소리를 들었던 적이 있습니다. 신앙생활을 교회에서만 했더니 밖에서는 잘 안된다고 하면 뭐라고 해야 합니까?

하나님의 뜻

제럴드 싯처라는 사람이 있습니다. 린다와 결혼해서 2남 2녀를 뒀습니다. 마냥 행복하게 살던 중 한 음주 운전자에 의해서 모든 것이 엉망이 되고 맙니다. 그의 차가 중앙선을 넘어서 제럴드 싯처 가족이 타고 있던 미니밴을 들이받은 것입니다. 제럴드 싯처의 가족은 풍비박산이 되었습니다. 어머니와 아내, 그리고 네 살 난 딸이 죽었습니다.

제럴드 싯처가 갈등에 빠집니다. 대체 하나님의 뜻이 무엇입니까? 그런 사고가 난 것이 하나님의 뜻일까요? 그럴 수는 없습니다. 하나님은 그렇게 잔인한 분이 아닙니다. 그럼 하나님도 불가항력이었을까요? 그럴 수도 없습니다. 하나님은 전능하신 분입니다. 하나님은 전능하시고 사랑이 많으신 분이라는데 그런 사고가 왜 있는 것입니까?

사람들은 걸핏하면 '하나님의 뜻'을 얘기합니다만, 사실 하나님의 뜻은 참 조심스러운 말입니다. 쉽게 내뱉을 수 있는 말이 아닙니다.

〈소피의 선택〉이라는 영화가 있습니다. 2차 대전 당시 독일 포로수용소에 감금된 소피에게 독일군 장교가 잔인한 선택을 강요합니다. 아이 두 명 가운데 살아남을 한 명을 선택하라는 것입니다. 아무도 선택하지 않으면 둘 다 죽이겠다고 합니다.

소피가 결국 선택을 합니다. 둘 다 죽는 것보다는 한 명이라도 살리는 것이 낫다는 생각이었을 것입니다. 선택되지 못한 아이는 "엄마!"를 울부짖으며 독일군의 손에 끌려 나갑니다.

이런 경우에 소피한테 원하시는 하나님의 뜻이 무엇일까요? 설령 소피가 40일 금식기도를 한들, 별 뾰족한 하나님의 응답을 받을 수 있었을까요? 하나님의 뜻을 우리가 어떻게 알 수 있을까요?

제럴드 싯처가 이렇게 결론을 내립니다. "하나님의 뜻을 다 알 수는 없다. 하지만 모르는 것이 있다는 이유로 아는 것을 소홀히 하지는 말자."

그 사고로 아내를 잃은 제럴드 싯처에게 재혼을 권하는 친구도 있었고, 재혼을 반대하는 친구도 있었습니다. 제럴드 싯처는 재혼하지 않는 쪽을 택했습니다. 혹시 재혼하는 것이 하나님의 뜻일까요?

그것은 아무도 모릅니다. 하지만 제럴드 싯처가 아는 것이 있습니다. 그 문제에 집착하느라고 이미 알고 있는 하나님의 뜻을 소홀히 한다면 그것이야말로 하나님의 뜻이 아닙니다. 제럴드 싯처의 책임은 어쨌든 자기 삶의 현 상황 속에서 하나님께 신실하게 반응하는 것입니다.

우리가 하나님의 뜻을 일일이 알지는 못합니다. 하지만 순종할 수 있을 만큼은 압니다. 몰라서 못하는 것은 별수 없습니다만 아는 것은 해야 하지 않겠습니까?

밤에 운전할 때는 전조등을 켜고 운전합니다. 서울에서 부산을 간다고 해서 전조등이 부산까지 한꺼번에 다 비춰주지는 않습니다. 자기가 가는 앞길만 비춥니다.

우리가 살아가는 삶이 그렇습니다. 우리는 매 순간 매 순간 순종하면 그것으로 족한 사람들입니다.

그대나 지금이나

1890년대 후반, 강화도 북단 홍의마을에 복음이 들어왔습니다. 마을 훈장 박능일이 복음을 받아들인 것을 시작으로 많은 사람들이 예수를 영접했습니다. 강화교회의 시작입니다. 그때 세례를 받은 사람들은 이름을 바꾸었습니다. "우리가 예수를 믿는 것은 옛사람이 죽고 새사람이 되었음을 의미한다. 새로 태어난 아이에게 이름을 지어주는 것처럼 거듭난 우리가 새 이름을 갖는 것은 당연하다."라는 것이 그들의 생각이었습니다.

여기까지는 천주교회와 같습니다. 그런데 베네딕토나 베로니카, 프란체스코처럼 천주교식으로 서양 이름을 쓰거나 모세, 다윗처럼 성경에 나오는 이름을 쓴 게 아닙니다. 한국식 작명법을 따라 돌림자 전통으로 개명했습니다. "우리가 비록 집안은 다르지만 한날한시에 세례를 받아 한 형제가 되었다. 그리고 우리가 이 마을에서 처음 믿었으니 한 일(一) 자를 돌림자로 쓰자."라고 했습니다.

성은 조상에게서 받은 것이니 바꿀 수 없고, 마지막 자를 한 일 자로 통일하기로 했으니 가운데 자만 정하면 됩니다. 이들은 믿을 신(信), 사랑 애(愛), 능할 능(能), 충성 충(忠), 은혜 은(恩), 은혜 혜(惠), 거룩할 성(聖), 받들 봉(奉), 바랄 희(㭖) 등의 글자를 쓴 쪽지를 주머니에 넣고 함께 기도한 후 한 사람씩 제비를 뽑았습니다. 능 자가 뽑히면 능일, 성 자가 뽑히면 성일이 되는 식입니다.

같은 집안의 아버지, 아들, 삼촌, 조카가 세례를 받아도 예외가 없었습니다. 부자간에 같은 돌림자를 쓰게 된 것입니다. 권신일의 아들은 권충일, 조카는 권혜일, 정천일의 아들은 정서일, 김봉일의 아들은 김환일이 되었습니다. "우리가 비록 부자간, 숙질간일지라도 신앙 안에서는 같은 하나님의 자녀다. 우리는 세상 질서보다 영적 질서를 따르기를 원한다."라는 말을 믿지 않는 사람들이 이해할 수 있을까요?

얼마 전에 2주 일정으로 이집트에 다녀왔습니다. 카이로에서 버스로 꼬박 3시간을 달려야 안토니우스 수도원에 도착합니다. 수도원을 둘러보고는 다시 3시간을 달려와야 합니다. 이런 문제 때문에 어지간한 성지순례 일정으로는 들를 수 없는 곳입니다.

그런데 이번에는 이집트에서만 2주를 보냈습니다. 안토니우스 수도원을 비롯해서 대부분의 성지순례 코스에 포함되지 않는 여러 곳을 볼 수 있었습니다. 가장 먼저 느낀 것이, 지금까지의 성지순례와 확연히 다르다는 사실입니다. 혹시 지금까지 성지순례를 다녀온 것이 맞다면 이번에 이집트에 다녀온 것은 성지순례가 아닌 다른 이름을 붙여야 합니다.

강화교회 교인들은 분명히 이전과 단절된 새로운 삶을 산 사람들이 맞습니다. 우리는 어떻습니까? 그들이 그리스도 예수 안에 있는 성도가 맞다면 우리는 어떻게 되는 것입니까? 우리도 그들과 같은 성도가 맞습니까?

제가 고등학생 때는 도시락을 두 개씩 싸서 학교에 다녔습니다. 형도 마찬가지였습니다. 저희 형제가 3남 1녀입니다. 어머니께서는 하루에 다섯 개씩 도시락을 싸곤 했습니다. 막냇동생이 고등학교를 졸업하자, 어머니께서 도시락에서 해방된다며 좋아하셨던 것을 기억합니다.

요즘은 학교에서 급식을 하니 그렇지 않습니다. 그런 점에서 요즘 어머니들이 예전 어머니들보다 훨씬 편해진 것입니다. 그렇다고 해서 모성애에 차이가 있을까요?

예수를 믿는다고 해서 이름을 바꿔야 한다는 법은 없습니다. 부자간에 같은 돌림자를 써야 한다는 법은 더더욱 없습니다. 하지만 새로운 삶을 살려는 마음은 같아야 합니다. "예전에는 예수를 믿으려면 모든 것이 철저해야 했다. 하지만 지금은 대충 믿어도 된다."라는 얘기는 성경 어디에도 없습니다.

가는 선교사, 보내는 선교사

선교사에는 가는 선교사와 보내는 선교사가 있다는 말이 유행했던 적이 있습니다. 가는 선교사는 선교지로 직접 가서 사역하는 선교사를 말하고 보내는 선교사는 그 선교사를 후원하는 사람을 말합니다.

그런 표현에는 일장일단이 있습니다. 선교 사역에 대한 부담감을 호소하는 표현으로는 얼마든지 가능합니다. 현장에 나간 선교사들이 전 인생을 선교에 헌신하는 것과 같은 비중의 열심으로 물질적인 후원을 아끼지 않고 사명감을 가지고 기도에 힘쓰는 것은 바람직합니다.

하지만 보내는 선교사라는 말이 최소한의 성의 표시로 자신을 합리화하는 데에 쓰이기도 합니다. 선교를 위해서 크게 부담이 없는 액수를 헌금하고, 어쩌다 생각날 때 가끔 기도하는 것으로 자기 책임을 다 감당한 것처럼 생각한다면 그야말로 오산입니다.

예전에 "어차피 하나님이 모든 사람을 다 선교사로 쓰시는 것은 아니지 않습니까?"라는 말을 들은 적이 있습니다. 물론 맞는 얘기입니다. 하지만 하나님이 자기를 선교사로 부르지 않았다고 어떻게 확신합니까?

부자 청년이 예수님을 찾아와서 자기가 무엇을 해야 영생을 얻을 수 있는지 물었습니다. 그때 예수님은 "네 소유를 다 팔아서 가난한 자들에게 주고 너는 나를 따르라."라고 했습니다.

이 내용을 보면서 "어? 나도 내 소유를 다 팔아서 가난한 사람들에게 나눠줘야 하는 건가?"라는 고민을 하는 사람은 별로 없습니다. 기독교가 사유재산을 부정하지 않는다는 사실을 다 알기 때문입니다.

하지만 먼저 알아야 할 사실이 있습니다. 예수님으로부터 "네 소유를 다 팔아 가난한 자들에게 주고 너는 나를 따르라."라는 말을 들은 사람이 있다는 사실입니다. 그런 말씀을 듣는 사람이 언제나 다른 사람이어야 한다는 법은 없습니다. 그 말씀이 자기와는 상관없다고 어떻게 단언합니까?

길에 떨어진 휴지를 줍는 것은 참 아름다운 일입니다. 제가 학교 다닐 적에는 그것을 공중도덕으로 배웠는데 요즘은 그런 의식이 많이 퇴색한 것 같습니다. 그 정도가 아닙니다. 어떤 아이가 휴지를 주우면 같이 있던 엄마가 왜 더러운 것을 만지느냐고 합니다. 다른 아이가 휴지를 주우면 착하다고 할 것입니다. 하지만 자기 애 손이 더러워지는 것은 싫습니다.

선교사를 대하는 시선도 비슷하지 않나 싶습니다. 기독교인이라면 누구나 기본적으로 선교사를 존경하는 마음을 갖습니다. 하나님을 향한 열심이 대단한 사람이라는 사실을 다 인정합니다. 하지만 자기 아들이 선교사를 자원한다면 펄쩍 뜁니다.

선교사로 가는 사람과 선교사로 가지 않는 사람 사이에 어떤 차이가 있습니까? 앞에서 제가 '가는 선교사와 보내는 선교사' 얘기를 했습니다. '보내는 선교사'라는 말을 쓸 수 있으려면 적어도 예수님을 증거 하려는 마음은 '가는 선교사'와 아무런 차이가 없어야 합니다.

선교사로 파송되는 사람은 인생 전부를 걸고 예수님을 나타내야 하지만 선교사로 파송되지 않은 사람은 적당히 인생을 즐겨도 되는 것이 아닙니다. 목숨을 걸고 예수를 믿어야 하는 사람이 따로 있고, 예배에 참석하고 십일조만 하면 되는 사람이 따로 있지 않습니다. 어차피 같은 예수를 믿고 있습니다. 예수를 믿는 열심도 같아야 합니다.

유아세례식에서는 부모가 아이 대신 세례문답을 합니다. "이 아이가 하나님 앞에 죄인임과 예수 외에는 소망이 없는 것을 인정하십니까?", "이 아이를 신앙 원칙에 입각하여 하나님께 헌신하는 사람으로 양육하기로 서약하십니까?", "하나님께서 친히 이 아이 인생의 주인 되심을 믿으십니까?"

이런 질문에는 아무렇지도 않게 "예"라고 합니다. 다시 묻습니다. "이 아이가 자라서 해외선교사를 지원해도 반대하지 않으시겠습니까?" 이런 질문에는 누구나 머뭇거릴 것입니다. 앞의 세 질문과 네 번째 질문 사이에 무슨 차이가 있습니까? 앞의 질문에 "예"라고 했으면 네 번째 질문에도 "예"라고 해야 하는 것 아닙니까?

아들이 선교사를 지원한다면서, 기도해달라는 부탁을 받은 적이 있습니다. 사역을 잘 감당할 수 있게 기도해 달라는 얘기가 아니었습니다. 꼭 선교사로 나가야만 예수를 믿는 것도 아닌데 왜 그리 외골수인지 모르겠다며 기도해 달라는 것이었습니다. 어쩌면 우리는 예수를 믿는다는 말을 너무 건성으로 하고 있는지 모릅니다. 예수를 믿는다는 말이 얼마나 심각한 말인지, 예수를 믿으면 자기 인생이 어떻게 달라져야 하는지를 생각하지 않습니다.

예수를 믿는다는 얘기는 이 세상에 보냄을 받았다는 뜻입니다. 예수님이 보냄 받았고, 바울이 보냄 받은 것처럼 우리 역시 보냄 받았습니다. 보냄을 받았다는 사실은 실제 선교사로 나간 사람이나 나가지 않은 사람이나 아무 차이가 없습니다. 우리는 어디에 있든지 우리를 보내신 분을 위하여 이 세상을 살아야 하는 사람들입니다.

우리의 열심

이현세 화백이 그린 〈공포의 외인구단〉이라는 만화가 있습니다. 영화로도 상영되었고, TV 드라마로도 제작되었습니다. 그 만화에서 가장 유명한 대사를 꼽으라면 단연 "난 네가 좋아하는 일이라면 뭐든지 할 수 있어."입니다.

우리가 예수를 믿는다면 우리에게서도 그런 고백이 나와야 합니다. 우리는 하나님의 뜻이라면 뭐든지 할 수 있어야 하고, 하나님의 뜻이 아니라면 뭐든지 하지 않을 수 있어야 합니다. 하나님의 뜻이 우리의 기준입니다.

안식일을 지키기 위한 유대인들의 열심은 그야말로 지극정성입니다. 안식일을 지키기 위한 세부 시행 규칙이 무려 24장(章)이나 됩니다. 몇 가지만 소개하면 다음과 같습니다.

올리브보다 큰 것은 먹을 수 없다.
올리브를 깨물었는데 썩은 것이면 뱉어내는 부분도 허용 정량에 포함된다.
잉크는 두 글자를 쓸 수 있는 만큼만 가지고 다닐 수 있다.
목욕을 하면 안 된다. 바닥에 물을 흘리면 닦아야 하기 때문이다.
재봉사는 바늘을 가지고 다닐 수 없다.

무화과 열매보다 무거운 짐을 가지고 다닐 수 없다.

거울을 보면 안 된다. 흰머리를 보면 뽑고 싶어지기 때문이다.

안식일에는 처소에 불도 피우지 말라는 말씀이 있습니다. 유대인들은 지금도 안식일에 냉장고 문을 열지 않습니다. 냉장고 문을 열면 불이 들어오기 때문입니다. 마찬가지 이유로 엘리베이터의 단추도 누르지 않습니다. 그 역시 누르면 불이 들어옵니다. 안식일에는 모든 층마다 서는 안식일 전용 엘리베이터가 따로 있습니다. 그들은 안식일에 불이 켜져 있으면 끄지 않고, 꺼져 있으면 켜지 않습니다.

이런 얘기를 들으면 누구나 한심하게 생각합니다. 안식일을 지키라고 하신 말씀이 그런 뜻이 아니기 때문입니다. 성경에서 말하는 안식일이 지금 우리에게는 주일입니다. 예수님이 안식 후 첫날 부활하셨습니다. 안식일을 제정한 취지가 완성된 날이 주일입니다.

우리는 유대인들이 모르는 것을 알고 있습니다. 그래서 유대인보다 더 진지하게 하나님을 섬기느냐 하면 그렇지는 않습니다. 유대인들은 목숨 걸고 안식일을 지키는 반면, 우리는 주일에 대해서 별 제약을 느끼지 않습니다.

대체 누가 옳습니까? 주일의 그림자에 불과한 안식일을 목숨 걸고 지키는 유대인이 옳습니까, 안식일이 완성된 주일을 대수롭지 않게 여기는 우리가 옳습니까? 누가 더 하나님의 뜻에 관심이 있는 것입니까?

진지하게 고민해 보십시다. 우리의 열심이 어디에 있습니까? 우리가 진짜로 하나님의 뜻이라면 뭐든지 할 수 있는 사람들이 맞습니까? 아무리 하나님의 뜻이라도 도저히 하기 싫은 일이 있는 것은 아닙니까?

듣는 실력

한동안 '빈 들에 마른 풀같이'나 '불길 같은 주 성령' 같은 찬송가를 꺼렸던 적이 있습니다. 늘 박수를 치면서 빠르게 불렀던 것에 대한 일종의 저항입니다. 철야예배나 부흥회 때는 몇 번을 그런 식으로 반복해서 불렀습니다. 그렇게 해야 마음이 열린다는 것입니다.

찬송가가 마음을 여는 수단일까요? 마음을 열기 위해서 찬송가를 부르는 것은 불경죄로 다스릴 일입니다. 찬송가를 열광적으로 부른다고 표현해도 되는지 모르겠습니다. 하여간 박수를 치면서 열광적으로 찬송하는 교인들을 보면서 속으로 '지금 가사 내용이 무슨 뜻인지 알고 부르는 것일까?'라는 생각을 했던 기억이 있습니다.

예전에는 많은 교회에서 봄, 가을로 일 년에 두 차례씩 부흥회를 열곤 했습니다. 부흥회를 인도하는 강사에게 가장 중요한 능력은 교인들을 마음대로 웃기고 울리는 능력입니다. 설교 내용은 별로 중요하지 않을 수 있습니다. 강사 목사의 입담이 중요합니다. 교인들은 어떤 내용을 들었는지에 관계없이 설교 시간 내내 웃고 울면 은혜 받았다고 합니다.

그런 시절에는 찬송가를 불러도 박수를 치면서 빠르게 부르는 것이 맞습니다. 자기가 어떤 내용으로 하나님을 찬양하고 있는지가 문제가 아닙니다. 자기 마음이 뜨거워지는 것이 우선입니다.

하지만 성경은 그런 식으로 우리의 감성을 자극하려 하지 않습니다. 심지어는 예수님이 십자가를 지고 가는 마지막 장면에서도 감성에 호소하는 표현은 나오지 않습니다.

"예수께서 십자가를 지고 골고다를 향하여 힘겹게 걸음을 옮기시는데 이미 넘어지기를 수차례 반복하였더라. 야윈 어깨에 대조되어 십자가는 더욱 무거워 보이는데 이마에서 흐르는 피가 십자가에 무늬를 새기더라. 채찍에 맞아 찢어진 홍포에는 예수의 신음이 배어 있더라. 이제 저 홍포처럼 예수의 몸도 십자가에서 찢어질 터인데, 이런 인간의 만행에 하늘도 얼굴을 가리고 침묵하더라."라는 식의 얘기는 없습니다. 있었던 사실을 객관적으로 서술할 뿐입니다.

성경은 신앙을 '지식'의 차원에서 설명한다는 사실을 아십니까? "공중 나는 새를 보라, 들에 핀 백합화를 보라."가 무슨 뜻입니까? 머리가 있으면 생각 좀 해보라는 뜻입니다. "세상을 사는 문제가 그렇게 걱정스러우냐? 오늘 하나님을 섬기면 내일은 굶어죽을 것 같으냐? 하나님은 공중의 새나 들의 백합화도 책임지는 분인데 너희를 책임지지 않을 것 같으냐? 세상을 어떻게 살까 하는 문제는 제발 좀 그만 고민하고 하나님을 어떻게 섬길지를 고민해봐라."라는 뜻입니다.

수업시간에 깜빡 졸아서 노트 필기를 못할 수 있습니다. 그러면 친구 노트를 빌려서라도 보충해야 합니다. 조는 것을 선생님에게 들키지만 않으면 되는 것이 아니라 수업시간에 진도가 나간 만큼 자기가 공부해야 합니다.

설교도 그렇습니다. 그 시간에 앉아 있기만 하면 되는 것이 아닙니다. 설교를 들으면 듣는 만큼 자기 안에 쌓이는 것이 있어야 합니다. 아무리 설교를 들어도 쌓이는 것이 없으면 "목사님, 설교 좀 제대로 준비해서 하십시오. 목사님 설교 듣고는 신앙생활을 못하겠습니다." 하고, 항의라도 해야 합니다.

목사를 얘기할 때 가장 먼저 따지는 것이 설교입니다. "그 목사 설교 잘해?"라는 질문을 하는 사람이 한둘이 아닙니다. 타지로 이사해서 교회를 정할 때 가장 많이 고려하는 것이 목사의 설교라고 합니다.

말씀을 맡았으니까 당연한 일일 수 있습니다. 그러면 교인에게는 설교를 듣는 실력이 있어야 합니다. 설교 잘하는 목사를 찾는 것만큼 설교 잘 듣는 교인이 되어야 합니다.

영적 무감각

오래전에 TV 드라마에서 본 내용입니다. 어떤 남자가 여자를 좋아합니다. 그런데 여자는 도무지 마음을 열지 않습니다. 답답한 남자가 담판을 지을 작정으로 사람 마음을 이렇게 몰라주느냐고 항의하듯이 얘기합니다.

여자가 답합니다. "아무런 감정도 느껴지지가 않네요. 내 마음이 마냥 냉랭한 것을 어떻게 해요?" 그 말에 남자가 울분을 토합니다. "이봐요! 나는 날이면 날마다 원자력 발전소를 돌리고 있는데 고작 성냥불 하나도 못 켠다는 게 말이 돼요?"

그 남자가 터뜨렸던 울분이 우리를 향한 하나님의 답답함일 수 있습니다. A4 용지 한 장씩을 앞에 놓고 시험을 본다고 합시다. 시험 문제는 딱 한 문제입니다. "얼마나 은혜를 베풀고 싶은지 그 사람을 위해서라면 자식이라도 기꺼이 죽일 수 있는 사람이 몇 명이나 됩니까? 그 명단을 쓰시오."

아무도 못 쓸 것입니다. 그 용지를 하나님께 드려보십시오. "아들을 대신 죽일 수 있을 만큼 은혜를 베풀고 싶은 사람이 누가 있습니까? 그 명단을 써보십시오."라고 하면, 하나님이 누구 이름을 쓰실까요? 우리는 조금도 망설이지 않고 "아무도 없습니다."라고 했는데, 하나님은 조금도 망설이지 않고 이 세상 사람 이름 전부를 적습니다.

이것이 하나님의 은혜입니다. 하나님은 예수님을 십자가에 못 박아 죽이셔서 우리를 속량하시는 것으로 우리를 향한 하나님의 은혜가 얼마나 풍성한지를 나타내셨습니다. 그런데 그런 은혜를 받고 있는 우리는 원자력 발전소를 돌리는데도 성냥불 하나를 못 켜는 꼴입니다.

우리가 하나님의 은혜를 실감하지 못하는 이유가 있습니다. 아이들은 자기한테 필요한 것과 자기가 원하는 것을 구분할 줄 모릅니다. 자기가 원하는 것은 무조건 필요한 것이라고 우깁니다.

그런데 나이를 먹어도 마찬가지입니다. 우리가 왜 하나님의 은혜에 대한 설명을 들으면서도 감동이 없는가 하면, 우리가 원하는 것이 아니기 때문입니다. 우리 역시 우리가 원하는 것과 우리에게 필요한 것을 구분할 줄 모릅니다. 그래서 하나님의 은혜를 늘 이 세상의 하찮은 것과 바꾸려고 합니다. 자기 앞길이 형통하게 열리는 것이 신앙의 보람인 줄 압니다. 감기나 낫고, 돈이나 버는 것이 간절한 요망 사항입니다.

어쩌면 우리는 신앙이 무엇인지, 그 ABC부터 다시 배워야 할지 모릅니다. 우선 하나님이 우리에게 주시기를 원하시는 것과 우리가 하나님께 받기를 원하는 것이 같은지 확인해야 합니다. 그것이 서로 다른 상태에서는 아무리 예수 그리스도를 오래 믿어도 무효입니다. 구하는 것마다 자기 욕심일 것이기 때문입니다.

하나님이 우리에게 주시기 원하는 것을 우리 역시 받기를 원하면 우리를 향한 하나님의 은혜가 얼마나 풍성한지 저절로 알게 됩니다. 그러면 마음에 찬양이 북받칠 것입니다. 그런 날이 속히 오기를 기다립니다.

하나님의 영광

〈소요리문답〉이라는 것이 있습니다. 우리가 믿는 내용을 문답 형식으로 정리한 것입니다. 소요리문답 첫 번째 항목이 "사람의 제일 된 목적이 무엇입니까?", "사람의 제일 된 목적은 하나님을 영화롭게 하고 그를 영원토록 즐거워하는 것입니다."라고 되어 있습니다. 사람의 목적은 요컨대 하나님의 영광입니다.

문제는 신앙이 말로 때울 수 있는 것이 아니라는 사실입니다. 실제로 그런 삶을 살아야 합니다. 예수를 믿는 사람치고 하나님의 영광에 관심이 없다는 사람은 없습니다. 그런데 하나님의 영광을 위하여 구체적으로 무엇을 하고 있는지를 물으면 딱히 할 말이 없습니다.

식당에서 "물은 셀프입니다."라는 안내 문구를 본 적이 있을 것입니다. 어쩌면 우리도 비슷한 안내 문구를 붙여야 할지 모릅니다. "하나님의 영광은 셀프입니다."

우리는 하나님의 영광을 우리 인생 목표로 삼지 않습니다. 우리가 말하는 하나님의 영광은 암송된 교리에 불과합니다. 식당에서 손님이 직접 물을 챙기는 것처럼 하나님도 하나님의 영광을 스스로 챙겨야 합니다. 우리가 하는 일이 마침 하나님도 좋아하시는 일이면 다행이지만 그렇지 않으면 별수 없습니다.

오래전의 일입니다. 겨울철이었는데 노방 전도를 하는 청년들을 보았습니다. 기타 반주에 맞춰서 찬양하며 전도지를 나눠주고 있었습니다. 상당히 대견해 보였습니다. 한 청년에게 "추운데 힘들지 않나요?"라고 했더니 "마음에 기쁨이 있으니 괜찮아요."라고 했습니다. 표정이 참 밝았습니다.

그런데 저는 "이게 아닌데"라는 생각을 했습니다. 공연한 말장난처럼 들릴 수 있습니다만 그 얘기를 액면 그대로 받아들여 보십시오. 마음에 기쁨이 없으면 어떻게 한다는 뜻이 됩니까? 마음에 기쁨이 없으면 아무리 하나님이 원하시는 일이라도 할 수 없다는 것입니까? (물론 그 청년이 그런 뜻으로 한 얘기가 아닌 것은 압니다. 그래서 액면 그대로 받아들여 보자고 했습니다.)

성경은 우리를 십자가 군병이라고 합니다. 혹은 하나님의 종이라고도 하고, 목자가 이끄는 양이라고도 하고, 토기장이가 빚는 그릇이라고도 하고, 그리스도의 신부라고도 합니다. 이 모두에게 공통점이 있습니다. 자기 의사를 스스로 결정하지 않는다는 사실입니다.

자기가 무엇을 하고 싶은지는 전혀 고려 대상이 아닙니다. 순종이 최고 미덕입니다. 정말로 하나님의 영광에 관심이 있는 사람은 자기 취향을 내세우지 않습니다. 하나님의 계획이 자기 계획이고 하나님의 소원이 자기의 소원입니다.

부교역자 시절의 일입니다. 예배 중에 문득 이상한 사실을 발견했습니다. 찬양대의 찬양곡이 항상 마지막 부분이 올라가면서 끝나는 것이었습니다. 지휘자가 그런 곡 위주로 선곡한다는 뜻입니다.

이유는 쉽게 짐작이 되었습니다. 높은 음으로 끝나야 회중들이 더 크게

"아멘"으로 화답하기 때문입니다. 찬양을 마쳤는데 "아멘" 소리가 작으면 서운할 수 있습니다. 그러면 대체 누구를 위한 찬양입니까? 하나님을 위한 찬양입니까, 지휘자를 위한 찬양입니까?

명심해야 합니다. 우리는 죄인입니다. 우리의 보편적인 정서가 죄에 오염되어 있습니다. 이 얘기는 상당히 심각합니다. 물과 성령으로 거듭난 생각이 아닌 우리 속에서 자연스럽게 나오는 생각은 하나님 보시기에 혐오스럽다는 뜻이기 때문입니다. 예컨대 "누구나 다 그런 생각을 하지 않느냐?", "그런 경우에는 별수 없지 않느냐?" 같은 마음으로는 절대 하나님의 영광을 추구하지 못합니다.

영혼 걱정

학창 시절, 교회 다니라는 말만 하면 이순신 장군이나 세종대왕 타령을 하는 친구가 있었습니다. 예수를 믿어야 천국에 간다면 우리나라에 기독교가 전파되기 전에 살던 사람들은 어떻게 되었느냐는 것입니다.

하도 이순신 장군, 세종대왕을 물고 늘어지기에 제가 답했습니다. "이순신 장군이나 세종대왕 걱정하지 말고 네 영혼이나 걱정해라. 넌 죽으면 어떻게 될 것 같으냐?"

하나님은 형상이 없으십니다. 그런데 성경은 사람이 하나님의 형상대로 만들어졌다고 합니다. 하나님이 흙으로 사람을 지으시고 코에 생기를 불어넣으셨는데, 흙이 하나님 형상일 수는 없습니다. 하나님의 형상은 코에 불어넣으신 생기, 즉 영혼에서 찾아야 합니다.

과학자들에 따르면 영혼의 무게가 21g이라고 합니다. 임종 순간 체중 변화를 측정했더니 21g 정도 가벼워지더라는 것입니다. 영혼의 무게가 궁금해서 그런 연구를 하지는 않았을 것입니다. 영혼이 존재하는지가 궁금했을 것입니다. 아마 "사람이 죽는 순간 체중이 미묘하게 감소하는 것으로 보아 실제로 영혼이 존재하는 것 같다."라는 것이 그 연구의 결론이었을 것입니다. 하지만 그들은 정작 중요한 문제를 빼놓았다는 사실은 까마득히 몰랐을 것입니다. "영혼이 사람의 본질이다. 그리고 그 영혼은 영원하다." 라는 사실 말입니다. 영혼의 무게를 알 것이 아니라 영혼의 가치를 알아야 합니다.

천재는 99%의 땀과 1%의 영감으로 이루어진다고 합니다. 에디슨이 한 말입니다. 노력을 강조하는 말로 오해하는 경향이 있는데 그렇지 않습니다. 열심히 노력하는 사람은 한둘이 아닌데 에디슨이 유독 독보적인 업적을 남긴 비결이 무엇인지 묻는 질문에 그렇게 답했습니다. 아무리 많은 노력을 기울여도 천재를 천재 되게 하는 것은 1%의 영감이라는 뜻입니다. 99%의 땀이 있어도 1%의 영감이 없으면 천재는 만들어지지 않습니다.

사람이 그렇습니다. (그 과학자들의 연구가 맞다 치면) 체중이 70kg나 80kg, 심지어는 100kg을 넘어도 21g짜리 영혼이 없으면 사람이 아닙니다. 제 체중이 66kg입니다. 제 영혼은 육신의 0.0003%밖에 무게가 나가지 않습니다. 하지만 저는 66kg인 제 몸뚱이가 얼마나 편하게 지내는지, 남들로부터 어떤 대접을 받는지에 신경 쓸 것이 아니라 0.0003%에 불과한 영혼을 주님 닮게 가꾸는 일에 착념해야 합니다.

하나님은 우리 육신 때문에 영혼을 만들지 않았습니다. 영혼 때문에 육신을 만들었습니다. 육신은 단지 의복과 같은 것입니다. 필요하면 입지만 때가 되면 벗습니다. 그리고 의복을 벗어도 사람은 여전히 그 사람입니다. 목욕할 때 탕에 들어갔다고 해서 사람이 달라지지 않는 것과 같습니다.

사람이 살다 죽는 것으로 존재 자체가 소멸된다면 세상 사는 문제가 간단합니다. 이 세상에서 남한테 욕먹지 않고 살면 됩니다. 혹시 욕을 먹어도 별수 없습니다. 눈 딱 감고 그때만 넘어가면 됩니다.

하지만 영혼이 영원하다면 문제가 심각하게 됩니다. 이 세상에서 70년, 80년 사는 것이 문제가 아니라 죽은 다음이 더 큰 문제입니다. 우리의 궁극적인 관심을 이 세상에 둘 것이 아니라 다음 세상에 둬야 합니다. 명심해야 합니다. 아담, 하와 이래 지구상에 존재했던 사람들 중에 소멸되어 없어진 사람은 단 한 사람도 없습니다. 그들 모두가 어딘가에 여전히 존재합니다.

실제상황

우리는 아무 조건 없이 구원을 얻었습니다. 속된 말로 공짜로 구원 얻었습니다. 하지만 하나님 편에서는 절대 공짜가 아니었습니다. 우리를 구원하시기 위해서 예수님이 대신 죽으셨습니다. 우리는 예수님이 우리 대신 죽었다 치고 이렇게 모여 있는 사람들이 아닙니다. 예수님이 정말로 우리 대신 죽으셨습니다.

혹시 오래전에 TV에서 방영되었던 박카스 광고를 기억하십니까? 이른 새벽에 환경미화원이 쓰레기 수레를 끌고 갑니다. 대학생으로 보이는 아들이 그 수레를 밉니다. 아버지가 뒤를 돌아보며 "얘야, 힘들지 않니?" 하고 묻자, 아들은 "뭘요, 아버지는 매일 하시는 일인 걸요."라고 답을 합니다.

그들은 CF를 찍기 위해서 잠깐 부자로 등장한 사이가 아닙니다. 실제로 아버지와 아들입니다. 아버지는 강동구청 소속 환경미화원인 박선치 씨이고, 아들은 박상호 군입니다.

그 광고는 MBC 애드컴에서 만들었습니다. 삭막한 이 사회에서 부자가 서로 아끼고 사랑하는 행복한 가정의 모습을 그리려고 환경미화원과 아들이 대화를 나누는 장면을 기획했습니다. 가상 인물은 실제 인물보다 감동이 덜한 법이어서 서울시 각 구청에 대학생 아들을 둔 환경미화원을 소개해 달라고 했습니다.

그런데 한 달 넘게 지원자가 없었습니다. 별수 없이 광고 제작을 포기하려고 할 즈음에 박상호 군이 지원을 했습니다. 박상호 군이 애드컴 관계자에게 이런 말을 했다고 합니다. "어려운 형편이지만 저희 가정은 어느 가정보다 행복합니다. 부모님은 몸소 성실의 본을 보여 주셨습니다. 땀 흘려 번 정직한 돈으로 저를 키워주신 아버지를 저는 존경합니다."

이런 내용을 모르고 그 광고를 봐도 부자지간의 훈훈한 정을 느낄 수 있습니다. 하지만 이런 내용을 알고 그 광고를 보면 감동이 배가됩니다.

예수님이 우리 대신 돌아가셨다 치고 신앙생활을 해도 어느 정도는 가능합니다. 일주일에 한 번 예배당에 나와서 앉아 있을 수도 있고 좋은 일에 쓴다는 마음으로 십일조도 할 수 있습니다. 밥 먹기 전에 기도도 할 수 있고, 가끔 성경도 읽을 수 있습니다.

하지만 예수님이 우리 대신 돌아가신 것이 정말이라면 그 정도로는 어림도 없습니다. 우리는 예수님을 위해서 죽어도 손해 보는 것이 없는 사람들입니다. 우리가 예수님을 위해서 죽어야 예수님 입장에서는 '본전'입니다.

계명 중에 가장 큰 계명이 마음을 다하고 목숨을 다하고 뜻을 다하여 하나님을 사랑하는 것입니다. 하나님은 우리에게 이런 요구를 하실 자격이 있는 분입니다. 예수님이 우리 대신 돌아가신 것이 실제상황이기 때문입니다.

우리는 하나님을 섬겨도 보통 수준으로 섬기면 안 되는 사람들입니다. 마음을 다해서 섬겨야 하고 목숨을 다해서 섬겨야 하고 뜻을 다해서 섬겨야 합니다. 하나님을 사랑하는 마음 외에 다른 마음이 있으면 안 되고, 하나님을 사랑하는 일에 목숨을 아끼면 안 되고, 하나님을 사랑하려는 뜻 외에 다른 뜻이 있으면 안 됩니다. 그렇지 않으면 계명 중에 가장 큰 계명을 어기는 것이 됩니다.

어쩌면 우리는 계명 중에서 가장 중요한 계명을 하루에 열두 번씩 어기면서도 그것이 잘못이라는 사실을 모르고 있을 수 있습니다.

두 개의 종교

교육전도사 시절의 일입니다. 같은 부서에서 교사로 봉사하는 청년이 물었습니다. "교회는 계속 많아지는데 왜 세상은 점점 더 악해가죠?"

간단합니다. 이 세상 마지막이 구원이 아니고 심판이기 때문입니다. 아무리 교회가 많아지고 믿는 사람이 늘어나도 이 세상의 큰 흐름은 멸망으로 치닫고 있습니다.

제가 자라던 시절에는 학원이 없었습니다. 방과 후에는 집에서 저녁 먹으라고 찾을 때까지 골목에서 노는 것이 일과였습니다. 그런데 같이 어울려 놀기에 너무 어린아이가 있을 수 있습니다. 초등학교 5학년, 6학년 아이들이 노는데 형을 따라 나온 1학년짜리가 있으면 어떻게 합니까? 그러면 그 아이는 '깍두기'를 합니다. 술래는 안 하고 같이 놀기만 하는 것입니다.

그런데 요즘은 '깍두기'는 없고 대신 '왕따'가 있습니다. 예전에는 수준이 안 되어도 같이 놀아줬는데 이제는 수준이 되어도 안 놀아줍니다. 세상이 점점 악하게 변질되어 가고 있다는 단적인 예입니다.

피자 가게 상호를 얼마나 아십니까? 제가 아는 것은 피자헛, 파파존스, 미스터피자, 피자마루, 피자에땅, 빨간모자피자, 도미노피자, 임실치즈피자 정도입니다.

어떤 책에 보니까 뉴질랜드에는 '헬피자(Hell Pizza)'라는 피자 가게도 있다고 합니다. 메뉴 이름을 단테 〈신곡〉에 나오는 일곱 가지 죄악에서 따왔는데 탐식, 탐욕, 나태, 음란, 교만, 시기, 분노입니다. 거기에 가면 "치즈크러스트 슈퍼 슈프림 피자 주세요."라고 하면 안 됩니다. "음란 피자 한 판에 교만 피자 한 판이요."라고 해야 합니다.

이런 것을 재미있어 하는 것이 이 시대 풍조입니다. 지옥에 속한 것을 재미있어 하면 천국에 속한 것은 따분하게 생각할지도 모릅니다. 〈군주론〉으로 이름 높은 마키아벨리가 "나는 착하고 어수룩한 사람들과 천국에 있기보다는 지옥에 가더라도 고귀한 사람들과 정치 얘기를 나누고 싶다."라고 했습니다. 마키아벨리 생각에 천국은 주로 고리타분한 사람들이 가는 곳이었던 모양입니다. 그래서 지금 그가 지옥에서 고귀한 사람들과 정치 얘기를 하고 있는지는 의문입니다.

몇 년 전, 프랑스 하원에서 동성애자들의 결혼과 자녀 입양을 허용하는 '동성 결혼 법안'이 찬성 331표, 반대 225표로 가결되었습니다. 프랑스가 세계에서 열네 번째로 동성 결혼을 합법화한 나라가 되었습니다. 남자끼리, 혹은 여자끼리 가정을 이루어서 재산을 공유하고 자녀를 입양할 수 있게 된 것입니다.

십수 년 전까지만 해도 동성애는 차마 입에 담지 못할 만큼 민망한 단어였습니다. 그런데 언제부터인지 동성애를 인정해야 시대 흐름에 맞는 사람이고, 반대하면 시대에 뒤처진 사람으로 여기는 풍조가 되었습니다.

어떤 연예인 커플이 혼전 순결을 서약했다는 기사가 뜨자, 누군가 거기에 댓글을 달았다고 합니다. "잘난 척 하기는, 요즘 시대가 어떤 시대인지 모르나 보네?"

사람들 심리가 참 묘합니다. 동성 결혼은 인정하면서 혼전 순결은 인정하지 않는 것은 무슨 심보입니까? 요즘이 그런 시대입니다. 하나님 앞에 바로 서는 것을 싫어하는 시대입니다. 믿음으로 산다고 하면 바보, 병신 소리를 듣는 세상입니다.

차마 상상하기도 거북합니다만 동성 부부가 자식을 입양한다고 하십시다. 자기들에게는 행복을 위한 선택일 것입니다. 그러면 입양된 아이는 어떻게 되는 겁니까? 남자를 엄마라고 부르거나 여자를 아빠라고 부르며 자란 아이가 바른 심성으로 자랄 수 있을까요?

세상이 그런 것은 별수 없습니다. 그들은 자기만 좋으면 되는 줄 압니다. 자기가 중요하게 생각하면 그것이 정말로 중요한 줄 압니다. 문제는 그런 풍조가 교회에도 스며들 수 있다는 사실입니다. 믿는 사람이라고 해서 일주일 내내 교회 안에서 지내지는 않습니다. 교회 안에서 지내는 시간보다 교회 밖에서 보내는 시간이 더 많습니다. 교회 밖에서 만나는 사람들은 죄다 세상 풍조대로 살아가는 사람들입니다.

우리 중에 "너희는 먼저 그의 나라와 그의 의를 구하라 그리하면 이 모든 것을 너희에게 더하시리라"는 말씀을 모르는 사람은 없습니다. 이 세상 모든 사람이 먼저 주의 나라와 주의 의를 구하며 살면 우리도 아무 갈등 없이 그렇게 할 수 있습니다. 그런데 세상은 그렇게 하지 않는데 우리만 그렇게 살아야 합니다. 여기에 우리의 고민이 있습니다. 우리한테 주어진 오늘이라는 시간을 주의 나라와 주의 의를 구하는데 써버리면 우리 인생은 누가 책임집니까?

신앙을 지켜야 한다는 사실을 모르지는 않지만 신앙만 믿고 세상을 살

수는 없습니다. 그래서 슬그머니 '교회 따로 세상 따로'로 살아갑니다. 이 세상이 그렇게 살도록 부추깁니다. 신앙은 교회 안에서만 따지면 되지, 교회 밖에서도 따져야 하느냐는 것입니다.

유진 피터슨 목사는 그의 책 〈한길 가는 순례자〉에서 그리스도의 제자 된 이들이 빠지기 쉬운 가장 큰 위험은 두 개의 종교를 갖고 사는 것이라고 했습니다. 하나는 우리를 죄에서 해방시킨 영광스러운 복음입니다. 그 복음의 요체는 그리스도의 십자가와 부활입니다. 신구약성경 66권에 가득한 것이 그 복음에 대한 설명입니다.

그리고 다른 하나는 친구들의 조언이나 언론이 하는 얘기들입니다. '남들은 다 그렇게 살아간다.'는 얘기입니다. 하나님이 이 세상 우주만물의 주인인 것을 모르지는 않지만 실제 세상을 살아갈 때는 주변에도 신경을 써야 합니다. 그것 역시 성경만큼이나 중요한 진리입니다. 대체 누구한테 속은 것입니까?

목적과 소원

미국 최초의 단편소설 작가로 불리는 워싱턴 어빙이 한 말이 있습니다. "위대한 이들은 목적을 갖고, 그 외의 사람들은 소원을 갖는다."

이 말을 우리한테 적용하면, 신자는 목적을 갖고 불신자는 소원을 갖는다고 할 수 있습니다. 신자의 목적은 당연히 하나님의 영광이고 불신자의 소원은 자기 욕심입니다.

특별한 신자는 목적을 갖고 평범한 신자는 소원을 갖는 것으로 착각하면 절대 안 됩니다. 그러면 하나님 뜻대로 세상을 사는 일은 몇몇 신앙 엘리트들한테만 해당하는 일이 됩니다. 자기는 평범하니까 세상과 벗이 되어도 괜찮은 줄 압니다. 예수 이름으로 간절히 세상 욕심을 구합니다. 신자로 살 마음은 없으면서 태연하게 자기를 신자라고 합니다. 심지어는 자기가 신자로 살고 있지 않다는 사실도 모릅니다.

가슴에 손을 얹고 생각해 보십시오. 매일매일의 발걸음이 어디를 향하고 있습니까? 우리 발걸음을 계속 연장하면 도달하는 곳이 어디입니까? 하늘에 있는 곳입니까, 땅에 있는 곳입니까? 누군가 우리가 하는 것을 보고 그대로 따라하면 하나님께로 인도됩니까, 세상으로 인도됩니까?

2

이의 있습니다

예수님의 친구인가요?

"사랑하는 나의 친구 늘 가까이 계시도다 그의 사랑 놀랍도다 변함없는 나의 친구" 찬송가 92장 후렴입니다. 예수님이 우리 친구입니다. 우리 마음대로 정한 것이 아닙니다. 예수님이 그렇게 말씀하셨습니다. 차마 감당할 수 없는 영광입니다.

> 사람이 친구를 위하여 자기 목숨을 버리면 이에서 더 큰 사랑이 없나니
> 너희는 내가 명하는 대로 행하면 곧 나의 친구라(요 15:13-14)

오래전에 "저는 기도 중에 예수님이 친구라는 사실이 떠오르면 기도가 한층 부드러워지는 것을 느끼곤 합니다. 친구 사이에 못할 말이 무엇이 있습니까?"라는 말을 들은 적이 있습니다. 사람들은 '친구'라는 말에서 그런 친밀감을 떠올리는 것 같습니다. 부모에게는 말하지 못하는 것도 친구 사이에는 할 수 있습니다.

그런데 예수님 말씀은 그게 아닙니다. "우리는 앞으로 친구다. 힘들거나 어려운 일이 있으면 말만 해라. 나는 항상 너희 편이다."라고 한 게 아니라

"너희는 내가 명하는 대로 행하면 나의 친구라"라고 했습니다. "앞으로 말 잘 들어라. 내 말 잘 들으면 친구 해 줄게."가 말이 되나요? 명하는 대로 행하면 친구가 아니라 부하 아닙니까? 대체 무슨 영문일까요?

친구 사이에는 우열이 없습니다. 둘이 동급입니다. 하지만 예수님과 우리 사이에는 존재론적으로 차이가 있는데, 그 차이를 메울 수 있는 방법이 바로 순종입니다. 우리가 예수님 말씀에 순종하면 우리한테서 예수님 수준이 나오게 됩니다. 열 번에 한 번 순종하면 열 번에 한 번 예수님 수준이 나오고 열 번에 다섯 번 순종하면 열 번에 다섯 번 예수님 수준이 나오고 열 번에 열 번 순종하면 열 번에 열 번 예수님 수준이 나옵니다.

기독교에서 순종이 중요한 덕목인 이유가 여기에 있습니다. 우리가 예수님께 철저히 순종하면 우리한테서 예수님 수준이 나옵니다. 우리가 예수님과 동급이 되는 것입니다. 즉 예수님이 우리를 친구라고 하신 것은 우리한테 그만큼 혜택을 주신다는 뜻이 아니라 우리를 예수님 수준으로 초대하신다는 뜻입니다.

첨언하면, 사람이 하나님처럼 되는 방법에는 두 가지가 있습니다. 하나는 선악과를 먹는 방법이고 다른 하나는 하나님께 철저하게 순종하는 방법입니다. 차이는 있습니다. 선악과를 먹으면 수준이 하나님처럼 되는 것이 아니라 자기 스스로 하나님 행세를 하게 됩니다. 하나님처럼 군다고 하는 것이 더 정확하겠네요. 하지만 하나님 말씀에 철저히 순종하면 우리는 나타나지 않고 하나님만 나타납니다. 말 그대로 하나님처럼 됩니다.

도마를 위한 변명

부활하신 예수님이 제자들을 찾아왔을 때 도마는 그 자리에 없었습니다. 나중에 제자들이 그 얘기를 하자, 도마가 엉뚱한 말을 합니다. "내가 그의 손의 못 자국을 보며 내 손가락을 그 못 자국에 넣으며 내 손을 그 옆구리에 넣어 보지 않고는 믿지 아니하겠노라" 그 한마디에 도마는 의심 많은 제자라는 별명을 얻었습니다. 오죽하면 찬송가 135장 3절 가사가 "허물 많은 베드로를 용서하시고 의심 많은 도마에게 확신 주시고"로 시작합니다.

그런데 정말일까요? 정말로 도마가 다른 제자들에 비해서 의심이 더 많았을까요? 예수님이 찾아왔을 때 그 자리에 없던 제자가 베드로나 요한이었으면 나중에 동료들의 말을 듣고 금방 믿었을 텐데 유독 도마라서 그렇게 도리질을 쳤을까요?

이날 곧 안식 후 첫날 저녁 때에 제자들이 유대인을 두려워하여 모인 곳의 문들을 닫았더니 예수께서 오사 가운데 서서 이르시되 너희에게 평강이 있을지어다 이 말씀을 하시고 손과 옆구리를 보이시니 제자들이

주를 보고 기뻐하더라(요 20:19-20)

예수님이 찾아 왔을 때 제자들이 바로 기뻐한 것이 아닙니다. 예수님의 손과 옆구리를 본 다음에 기뻐했습니다. 예수님께서 손과 옆구리를 보여 주기 전에는 기뻐하지 않았다는 뜻입니다. 그때 제자들은 예수님을 보면서도 자기들이 헛것을 보는 줄로 생각했든지, 아니면 유령인 줄로 알았던 모양입니다.

도마가 자기 손가락을 예수님의 못 자국에 넣어보고 자기 손을 예수님의 창 자국에 넣어보기 전에는 믿을 수 없다고 말한 것도 예수님이 제자들에게 손과 옆구리를 보여주셨다는 사실에 따른 것일 수 있습니다.

어디론가 나갔던 도마가 돌아왔을 때, 모두가 얘기했을 것입니다.

"도마야! 기뻐해라. 선생님이 살아나셨다. 방금 선생님께서 왔다 가셨다."

"그게 무슨 얘기야? 죽은 사람이 어떻게 살아나?"

"정말이야! 우리도 처음에는 무척 놀랐는데 예수님이 우리한테 손과 옆구리를 보여주셨어. 우리도 그걸 보고 믿었다니까!"

"야! 말이 되는 얘기를 해라. 좋아, 정 그러면 나에게도 보여줘. 나도 예수님 손에 내 손가락을 넣어보고 옆구리에 내 손을 넣어보면 믿을게!"

아마 다른 제자들과 도마 사이에 이런 대화가 있었을 것입니다. 예수님이 나중에 도마한테 "네 손가락을 이리 내밀어 내 손을 보고 네 손을 내밀어 내 옆구리에 넣어 보라"라고 말씀하십니다만 그렇게 말씀하시기 전에 이미 다른 제자들한테 손과 옆구리를 보여주셨습니다. (제자들이 그걸 본 다음에야 비로소 기뻐했습니다.)

결국 도마가 예수님의 부활 소식을 의심한 것은 그의 성정 때문이 아닙니다. 부활이 그만큼 말도 안 되는 사건이었습니다. 예수님께서 이미 제자들한테 여러 차례 부활을 말씀하셨지만 제자들은 전혀 알아듣지 못했습니다. 사람이 죽었다 살아나는 일이 어떻게 가능하다는 말입니까?

우리는 예수님이 부활하셨다고 아무렇지 않게 얘기합니다. 하지만 제자들은 아닙니다. 부활이 그만큼 파격적이고 엄청나고 무지무지무지무지 신비한 사건입니다. 창세 이래로 없던 사건입니다. 그 바람에 괜히 도마만 욕먹고 있습니다.

반석 위에 집을 짓는 사람은?

주의 말씀 듣고서 준행하는 자는 반석 위에 터 닦고 집을 지음 같아
주의 말씀 듣고도 행치 않는 자는 모래 위에 터 닦고 집을 지음 같아

찬송가 204장 가사입니다. 마 7:24-27 말씀이 그 배경인 것은 누구나 압니다. 예수님 말씀을 듣고 행하는 사람은 그 집을 반석 위에 지은 지혜로운 사람과 같습니다. 그런데 예수님 말씀을 듣고 행하지 않는 사람은 그 집을 모래 위에 지은 어리석은 사람 같습니다. 그 집은 비가 내리고 창수가 나면 금방 무너질 것입니다.

혼히 실천을 강조하는 말씀으로 인용하곤 합니다. 말씀을 듣기만 해서는 안 되고 행함도 있어야 한다는 것입니다. 글쎄요, 만일 그렇다면 집을 지은 사람과 짓지 않은 사람을 대조해야 하는 것 아닐까요?

집은 둘 다 지었습니다. 단지 터가 다를 뿐입니다. 즉 실천은 했습니다. 그 기초가 다를 뿐입니다. (실천을 안 했으면 무너질 집도 없습니다.)

예수님 말씀을 듣고 행한 사람은 반석 위에 집을 지은 지혜로운 사람입니다. 그러면 예수님 말씀을 듣고 행하지 않은 사람은 기초는 반석이지만

그 반석 위에 아무런 집도 짓지 않은 사람이어야 하는데, 모래 위에 집을 지은 어리석은 사람이라고 합니다.

예수님 말씀은 들었습니다. 그런데 그 기초 위에 집을 지은 게 아니라 들은 말씀과 상관없는 다른 터 위에 집을 지었습니다. 결국 그 사람이 지은 집의 기초는 예수님 말씀이 아닌 자기의 생래적인 생각이 될 것입니다.

어떤 개척교회에 에어컨을 헌물한 사람이 있다고 합시다. 그 행위의 기초가 무엇일까요? 교회를 위하는 마음일 수도 있지만 인정받고 싶은 욕구일 수도 있습니다.

교회를 위하는 마음으로 헌물을 했으면 남이 알아주거나 말거나 상관이 없습니다. 예배 환경이 쾌적해졌으면 그것으로 만족합니다. 하지만 인정받고 싶은 욕구로 헌물한 사람은 남이 알아주지 않으면 괜한 일을 했다고 생각할 것입니다. 모래 위에 지은 집이 비가 오고 창수가 나면 무너지는 것처럼 말입니다.

요컨대 반석 위에 집을 지은 사람과 모래 위에 집을 지은 사람 비유는 말씀을 듣기만 했느냐, 듣고 실천도 했느냐를 묻는 게 아닙니다. 우리 행위의 기초가 무엇인지를 묻는 것입니다.

장차 우리는 이 땅에서 행한 모든 것을 심판받을 것입니다. 하나님은 우리한테 무엇을 하고, 무엇을 하지 않았는지만 묻지 않으십니다. 무엇을 했으면 왜 했는지, 무엇을 안 했으면 왜 안 했는지도 물으실 것입니다.

모든 것이 모든 것일까요?

나폴레옹이 "내 사전에 불가능이란 없다"라고 했습니다. 혹시 그 말을 교회 안으로 옮기면 "내게 능력 주시는 자 안에서 내가 모든 것을 할 수 있느니라(빌 4:13)"가 될까요? 실제로 그렇게 오해하는 경우가 종종 있습니다. 주님의 능력을 힘입으면 무슨 일이든지 다 이룰 수 있다는 것입니다. 신자가 운영하는 사업장에서 흔히 보이는 말씀이기도 합니다.

한번 따져 볼까요? 〈빌립보서〉는 바울이 로마 감옥에서 쓴 편지입니다. 자기 앞가림도 제대로 못하는 형편에 처해 있습니다. 그런 바울이 "내게 능력 주시는 자 안에서 내가 모든 것을 할 수 있느니라"라고 하면, 그 말을 듣는 사람들이 뭐라고 할까요? "그래요? 참 대단하시네요. 그럼 옥에서 나와 보실래요?"라고 빈정거리지 않을까요?

언젠가 설교 중에 "…참이니 경건이니 정결이니 하는 것이 좋은 말인 것을 누가 모릅니까? 하지만 그런 생각만으로는 세상을 살 수 없습니다. 당장 세상에서 낙오되면 누가 책임집니까? 일단 먹고살아야 예수도 믿을 것 아닙니까?"라는 말을 한 적이 있습니다. 문맥을 무시한 채 "일단 먹고살아야 예수도 믿을 것 아닙니까?"만 인용하면 어떻게 됩니까? "강학종 목사가 설교 중에 일단 먹고살아야 예수도 믿는다고 했다."라고 하면, 저만 이상한 목사가 됩니다.

성경도 그렇습니다. 성경은 문맥이 있는 책입니다. 문맥을 무시하면 성경 구절을 인용해서 성경에 없는 얘기를 하게 됩니다.

> 내가 궁핍하므로 말하는 것이 아니니라 어떠한 형편에든지 나는 자족하기를 배웠노니 나는 비천에 처할 줄도 알고 풍부에 처할 줄도 알아 모든 일 곧 배부름과 배고픔과 풍부와 궁핍에도 처할 줄 아는 일체의 비결을 배웠노라(빌 4:11-12)

13절 바로 앞에서 바울은 비천에 처할 줄도 알고 풍부에 처할 줄도 안다고 했습니다. 배부름에 처할 줄도 알고 배고픔에 처할 줄도 알고 풍부에 처할 줄도 알고 궁핍에 처할 줄도 아는 일체의 비결을 배웠다고 했습니다.

그런 일이 어떻게 가능할까요? 이를테면 벽돌로 집을 짓는 것과 같습니다. 그러면 나무는 필요가 없습니다. 나무가 많다고 해서 도움이 되지도 않고 나무가 없다고 해서 방해를 받지도 않습니다. 바울이 하는 일이 그런 일입니다. 이 세상 여건에 구애 받지 않습니다. 그것이 "내게 능력 주시는 자 안에서 내가 모든 것을 할 수 있느니라"입니다.

결국 예수를 믿는 사람이 어떤 사람인가 하면, "내게 능력 주시는 자 안에서 내가 모든 것을 할 수 있느니라"라고 고백하는 사람입니다. 능력 주시는 자는 밖에 계시게 한 채 필요에 따라 가끔 모셔 오려는 사람은 예수를 믿는 사람이 아닙니다. 자기가 능력 주시는 자 안에 들어가서 거기 머

물러 있어야 합니다. 그러면 자기가 더 이상 자기가 아닙니다. 인생을 살되 예수님을 위한 인생을 살게 됩니다.

바울로 얘기하면 감옥 안에 있는지, 감옥 밖에 있는지는 중요하지 않습니다. 자기가 처한 환경은 전혀 문제가 안 됩니다. 말 그대로 풍부에 처할 줄도 알고 궁핍에 처할 줄도 압니다.

이런 말을 하면 으레 나오는 질문이 있습니다. 세상에서도 잘살고 신앙 생활도 잘하면 더 좋은 것 아니냐는 것입니다. 풍부에 처할 줄만 알면 되지, 궁핍에 처할 줄도 알아야 하느냐고 하면 뭐라고 해야 할까요? 자기를 풍부하게 해주는 하나님은 필요하지만 그렇지 않은 하나님은 필요 없다는 뜻일까요?

또 있습니다. 세상에서 잘사는 것이 어떻게 사는 것입니까? 어떻게 사는 것이 잘사는 것인지를 누가 결정합니까?

좋고 나쁜 것을 판단하려면 먼저 목적을 알아야 합니다. 농부의 목적은 땅에서 많은 소출을 내는 것입니다. 해마다 아무 수확도 없는 농부가 있다면 좋은 농부가 아닙니다. 자기가 그 농부를 개인적으로 얼마나 좋아하는지와 상관없습니다. 어떻게 사는 것이 잘사는 것인지를 따지는 것도 그렇습니다. 사람의 본래 목적에 맞게 사는 것이 잘사는 것입니다.

우리가 사는 세상이 자본주의 세상이다 보니 모든 것을 돈으로 따집니다. 심지어는 잘살고 못사는 것도 돈으로 따집니다. 돈이 많으면 잘산다고 하고, 돈이 없으면 못산다고 합니다.

그런 풍조에 속으면 안 됩니다. 우리는 우리가 지음 받은 목적을 알고 있는 사람들입니다. 무엇보다 우리의 시민권이 하늘에 있고, 우리가 장차 예수님처럼 변모한다는 사실을 알고 있습니다.

그러면 거기에 맞게 사는 것이 잘사는 것입니다. 이 세상 사는 동안에 남보다 떡을 많이 먹는지, 적게 먹는지는 우리 관심사가 아닙니다. 우리는 우리 할 일만 묵묵히 하면 그것으로 족합니다. 나머지는 하나님의 영역입니다.

거룩과 행복

요한복음 4장에 수가성 우물가 여인이 나옵니다. 이 여인을 두고 남편이 다섯 번이나 바뀐 음란한 여인이라고 하는 얘기를 들은 적이 있습니다. 그런데 동의가 안 됩니다.

남자를 다섯 번이나 바꾸려면 그 여자가 어떤 여자라야 할까요? 모든 남자들이 앞을 다투어 줄을 설만큼 빼어난 미모를 가졌든지 아니면 엄청나게 돈이 많은 여자면 가능할까요? 요즘 시대에도 쉽지 않은 일입니다. 하물며 예수님 시대라면 말할 것도 없습니다.

게다가 그 여자는 아무도 물을 길러 오지 않는 한낮에 물을 길러 온 여자였습니다. 귀부인은 고사하고 아주 구차한 삶을 살아야 했다는 뜻입니다. 자기 정욕대로 이 남자, 저 남자를 기웃거릴 여유가 없습니다.

성경을 읽다 보면 고아와 과부를 돌보라는 얘기가 자주 나옵니다. 당시는 사회보장제도가 없었습니다. 홀로 된 여인이 살아갈 수 있는 유일한 방도가 자기를 거두어 줄 남자를 찾는 것이었습니다.

수가성 여인이 바로 그런 여인이었습니다. 각박한 현실 속에서 어떻게든 살아보려고 노력하는 여인이었습니다. 남편이 다섯 번이나 바뀌도록 삶을 포기하지 않고 아등바등 애쓰는 여인이었습니다. 어쩌면 모진 목숨 끊지도 못하게 아이가 있었는지도 모릅니다. 하지만 남아있는 것이 아무것도 없었습니다. 한낮의 뜨거운 햇빛을 감수하면서라도 다른 사람의 눈을 피하고 싶은 처절한 현실뿐이었습니다. 예수님이 그런 여인을 찾아간 것입니다.

이름만 대면 누구나 다 아는 초대형교회 목사가 수가성 여인에 대해 이렇게 설교하는 것을 들은 기억이 있습니다. "처음에는 돈 많은 남자를 만났습니다. 행복하지 않았습니다. 권력 있는 남자를 만났습니다. 행복하지 않았습니다. 학식이 빼어난 남자를 만났습니다. 행복하지 않았습니다. 잘생긴 남자를 만났습니다. 행복하지 않았습니다. 사회적으로 저명한 남자를 만났습니다. 행복하지 않았습니다. 예수님을 만났습니다. 비로소 행복할 수 있었습니다. 우리는 다 예수님을 만나야 할 줄 믿습니다!" 청중들의 "아멘!" 소리가 엄청나게 컸습니다.

도무지 말이 안 됩니다. 여자가 자기 입맛대로 남자를 바꾼다는 설정부터 말이 안 됩니다만 더 큰 오류가 따로 있습니다. 왜 행복을 얘기하는 것입니까? 예수님이 고작 우리를 행복하게 해주려고 이 세상에 오셨습니까? 우리를 행복하게 해주려고 십자가에 달리셨습니까?

프란시스 쉐퍼 목사가 미국 신학생들을 대상으로 신앙사경회를 인도하면서 말했습니다. "여러분은 무엇을 위해서 세상을 살아가십니까? 만일 행복을 위해서 살아간다면 여러분은 불신자와 똑같은 사람들입니다. 우리는 행복이 아니라 거룩을 위해서 살아야 합니다."

우리의 인생 목표는 행복이 아니라 거룩입니다. 우리 좋은 일은 하지 말고 하나님 좋은 일만 해야 한다는 뜻이 아닙니다. 행복을 목표로 해서는 절대 행복할 수 없습니다. 행복이 거룩의 부산물이기 때문입니다. 거룩을 추구하면 행복은 저절로 따라옵니다.

그런 법이 어디 있느냐 하면, 하나님이 이 세상 주인이고 우리는 그분의 피조물이라서 그렇습니다. 우리의 모든 것은 그분과의 관계가 기준입니다. C. S. 루이스가 한 말을 한마디 보탤까요? "땅을 추구하라. 아무것도 얻지 못할 것이다. 하늘을 추구하라. 땅을 덤으로 얻을 것이다."

아직은 미완성

형을 속여서 장자권을 가로챈 야곱이 브엘세바로 도망가는 중에 루스에서 하나님을 만난 직후 돌단을 쌓았다는 얘기가 창세기 28장에 나옵니다. 나중에 그곳 이름이 벧엘로 바뀝니다. '하나님의 집'이라는 뜻입니다.

그때 야곱이 얼마나 감격했을까요? 오죽하면 루스에서 벧엘로 지명이 바뀔 정도였습니다. 그 내용을 배경으로 한 찬송가 가사도 있습니다. 338장 4절이 "야곱이 잠 깨어 일어난 후 돌단을 쌓은 것 본받아서"로 시작합니다.

아무리 그렇다고 해도 그때의 야곱을 과연 본받아야 할까요? 성경에는 야곱의 서원 내용이 이렇게 기록되어 있습니다. "하나님이 나와 함께 계셔서 내가 가는 이 길에서 나를 지키시고 먹을 떡과 입을 옷을 주시어 내가 평안히 아버지 집으로 돌아가게 하시오면 여호와께서 나의 하나님이 되실 것이요 내가 기둥으로 세운 이 돌이 하나님의 집이 될 것이요 하나님께서 내게 주신 모든 것에서 십분의 일을 내가 반드시 하나님께 드리겠나이다."

이 정도라면 굳이 본받을 이유가 없지 않은가요? 마치 중고등부 수련회 때 캠프파이어 후에 기도하면서 "하나님, 이번에 원하는 대학에 합격시켜 주시면 앞으로 교회 잘 나올게요."라고 하는 수준입니다. 교회에 갓 등록한 신자가 가게를 개업하고는 "하나님, 장사 잘 되게 해 주시면 꼭 십일조 할게요."라고 하는 것일 수도 있습니다.

게다가 "야곱이 잠 깨어 일어난 후 돌단을 쌓은 것 본받아서" 다음 가사가 "숨질 때 되도록 늘 찬송하면서 주께 더 나가기 원합니다."인데, 그때 돌단을 쌓은 야곱은 숨질 때 되도록 늘 찬송하면서 주께 더 나아간 게 아니라 상당 기간 동안 계속 잔머리를 굴립니다.

별수 없습니다. 이때 야곱은 요즘으로 치면 초신자입니다. 처음으로 하나님을 만났습니다. 나중에 바로를 만나서 축복할 때의 모습이 아직 없습니다. 결국 야곱이 돌단을 쌓은 것은 "야곱도 그렇게 유치하게 신앙을 시작했구나"라고 할 일이지, 본받을 만한 신앙 귀감이 아닙니다. 이렇게 하나님을 만났으니 앞으로 차츰차츰 신앙이 자랄 것입니다.

물론 야곱의 순수한 열정 자체에 점수를 줄 수는 있습니다. 형을 피해서 허겁지겁 도망가다가 난데없이 하나님을 만났으니 얼마나 감격했겠습니까? 그 하나님께 간절히 매달렸을 것입니다.

중고등부 수련회나 청년회 수련회 때 눈물, 콧물 질질 짜며 열심히 기도하는 학생들의 모습 같기도 합니다. 그 순수한 열정을 부러워할 수는 있겠지만, 모두가 본받을 만한 신앙 모범은 아닙니다. 벧엘에서의 야곱은 아직 한참 모자란 미완성입니다. 이제 시작했으니 앞으로 계속 철이 들어야 합니다.

예수님, 주무세요.

오래전, 예수님을 깨워야 한다는 내용의 설교를 들은 적이 있습니다. "우리 인생 속에서 때로는 풍랑을 만나게 된다. 우리 힘으로는 감당이 안 된다. 그럴 때 자기 능력으로 풍랑과 싸우려고 하면 안 된다. 우리의 힘이 무엇인가? 예수님이 우리와 함께하신다는 사실 아닌가? 예수님을 깨워야 한다. 예수님을 깨우면 모든 문제가 해결된다."라는 게 설교 요지였습니다.

예수님이 풍랑을 잔잔하게 한 내용을 담은 찬송가도 있습니다. 345장 〈캄캄한 밤 사나운 바람 불 때〉와 371장 〈구주여 광풍이 불어〉가 그렇습니다.

예수님은 능히 풍랑도 잔잔하게 하실 수 있는 분입니다. 그런데 한 가지 빼먹은 사실이 있습니다. 예수님이 풍랑을 잔잔하게 하신 다음에 "얼마나 힘들었느냐? 이런 일은 내가 전공이다. 앞으로 너희끼리 괜한 고생하지 말고 나한테 얘기해라."라고 제자들을 위로하신 것이 아닙니다. "어찌하여 이렇게 믿음이 없느냐? 너희가 어찌 믿음이 없느냐?" 하고 제자들을 꾸짖으셨습니다. 예수님을 깨운 행위가 바람직하지 않다는 뜻입니다. 그런데 예수님을 깨우자고 하면 어떻게 합니까?

"그럼 풍랑 때문에 죽을 것 같은데 어떻게 해요?"라고 반문할 것 없습니다. 그때 예수님은 주무시고 계셨습니다. 그러면 그 옆에서 같이 자는 것이 신앙 아닐까요? 물론 풍랑 때문에 멀미야 하겠지만 설마 죽기야 할까요? (죽는다고 해도 순교로 인정받게 되니 참으로 복된 일입니다.)

대학생 때 완도에서 제주도로 가는 카페리를 탄 적이 있습니다. 마침 파도가 높아서 배가 몹시 요동쳤습니다. 가만히 서 있기가 힘들었는데 마치 놀이기구를 탄 것처럼 재미있었습니다.

그런데 제자들은 왜 그리 두려워했을까요? 간단합니다. 배의 크기 차이입니다. 아마 제자들도 저처럼 카페리를 탔으면 풍랑이 일거나 말거나 두려워하지 않았을 것입니다. (예수님은 함께하지 않아도 됩니다. 배의 크기가 중요합니다.)

제자들이 두려워하며 예수님을 깨운 것은 믿음이 없었기 때문입니다. 그런데 왜 '예수님을 깨웁시다'라는 식의 설교가 설득력이 있고 심지어 찬송가 가사에까지 등장하는가 하면, 신앙을 세상을 사는 원칙이 아닌 세상을 사는 방법으로 오해해서 그렇습니다.

신앙이 있다는 말은 세상을 살면서 신비한 방법으로 덕을 볼 수 있다는 뜻이 아닙니다. 하나님 보시기에 바르게 살아간다는 뜻입니다. 그런데 예수님께 꾸중을 듣거나 말거나 풍랑이 가라앉아서 잔잔한 바다를 지나는 것에만 마음이 있으면 별수 없습니다. 그나저나 예수님 없는 큰 배를 타고 편안하게 가는 것하고 예수님 모신 작은 배에서 풍랑에 시달리는 것하고, 사람들이 둘 중에 어느 쪽을 원할까요?

겸손을 가르치셨을까요?

"우리 주님 거룩한 손 제자들의 발을 씻어 남 섬기는 종의 도를 몸소 행해 보이셨네" 찬송가 220장 가사입니다.

예수님 손이 거룩한 손인 것도 맞고, 그 손으로 제자들의 발을 씻어주신 것도 맞고, 예수님이 섬기러 오신 분인 것도 맞고, 몸소 종의 도를 행하신 것도 맞는데, 과연 남 섬기는 종의 도를 행하려고 제자들의 발을 씻어주셨을까요?

이 찬송과 관련 있는 내용은 요한복음 13장에 나옵니다. 그것을 근거로 겸손을 얘기하는 경우가 많습니다. 물론 예수님은 겸손하신 분입니다. 그렇다고 해서 예수님께서 '겸손'을 강조하시려고 제자들의 발을 씻어주신 것은 아닙니다.

유월절 전에 예수께서 자기가 세상을 떠나 아버지께로 돌아가실 때가 이른 줄 아시고 세상에 있는 자기 사람들을 사랑하시되 끝까지 사랑하시니라(요 13:1)

예수님께서 자기가 이 세상을 떠날 때가 된 것을 아셨습니다. 그래서 제자들한테 "난 이제 간다. 내가 없어도 너희들끼리 잘 살아라" 하고 작별인사를 하신 것이 아니라 끝까지 사랑하셨습니다. 끝까지 사랑하셔서 발을 씻어 주셨습니다.

예수님께서 제자들을 끝까지 사랑하셔서 겸손을 가르쳐 주셨다고 하면 아무래도 어색합니다. 겸손도 좋지만 그보다 더 중요한 다른 메시지가 있어야 할 것 같지 않습니까?

대형 금은방 주인이 금반지를 꺼내 보이면서 "이 매장에서 가장 비싼 것입니다"라고 하면, 선뜻 수긍하기 어렵습니다. 금반지가 아무리 비싸다고 해도 매장의 규모를 감안하면 큼지막한 다이아몬드가 나와야 어울릴 것 같기 때문입니다.

예수님도 그렇습니다. 우리를 구원하시기 위해서 이 땅에 오셨는데 마지막 순간에 '겸손'을 가르치신다면 겸손이 아무리 가치 있는 덕목이라도 어딘가 어울리지 않습니다.

예수님과 베드로가 나눈 대화를 보면 그것이 더 잘 나타납니다. 예수님이 베드로 앞에 이르렀을 때 베드로가 펄쩍 뛰며 만류합니다. 예수님이 자기 발을 씻어 주시는 것이 베드로 생각에는 말이 안 되는 일이었습니다. 그런데 예수님 말씀은 그렇지 않았습니다.

> 베드로가 이르되 내 발을 절대로 씻지 못하시리이다 예수께서 대답하시되 내가 너를 씻어 주지 아니하면 네가 나와 상관이 없느니라(요 13:8)

예수님이 베드로의 발을 씻기는 문제는 베드로가 예수님과 관계가 있느냐 없느냐 하는 심각한 문제였습니다.

흔히 예수를 믿으면 구원 얻는다고 합니다. 예수를 믿으면 겸손해진다고 하지 않습니다. 우리가 예수님의 십자가 사역으로 해결 받은 것은 죄의 문제이지, 도덕성의 문제가 아닙니다. 결국 예수님께서 제자들의 발을 씻어 주신 것은 겸손하게 남을 섬기는 일이 그만큼 중요하다는 사실을 가르치신 것이 아니라 우리의 구원과 관계된 중요한 메시지가 있다는 뜻입니다.

우리의 가장 큰 문제는 당연히 영혼 구원입니다. 그렇다고 해서 구원만 얻으면 예수님이 더 이상 신경 쓰지 않느냐 하면 그렇지 않습니다. 예수님은 지금도 우리에게 허락된 구원의 완성을 위해서 애쓰고 계십니다. 그것을 발을 씻는 것으로 나타낸 것입니다.

발만이 아니라 손과 머리도 씻어 달라는 베드로의 얘기에 예수님은 "이미 목욕한 자는 발밖에 씻을 필요가 없다"라고 대답하셨습니다. 목욕을 했다는 것은 구원 얻은 신분을 말합니다. 또 발을 씻어야 한다는 것은 구원 얻은 신분에 맞게 수준도 계속 변모해야 한다는 뜻입니다.

구원을 얘기할 때, 신학적인 용어로 '칭의' '성화' '영화'라는 표현을 씁니다. 목욕을 했다는 얘기는 칭의를 말하고 발을 씻는 것은 성화를 말합니다. 이 부분과 관련지으면 예수님은 겸손을 가르치기 위해서 제자들의 발을 씻어주신 것이 아니라 성화를 강조하기 위해서 발을 씻어주신 것입니다.

예수님은 강을 건널 때 필요한 뗏목 같은 분이 아닙니다. 만일 그런 분이면 그 예수님을 믿고 구원 얻는 것으로 예수님과는 더 이상 상관이 없게 됩니다. 자기가 알아서 살면 그만입니다. 하지만 예수님은 우리 구원 여정을 끝까지 인도하시는 분입니다. 그래서 마지막 순간까지 그것을 당부하셨습니다.

예수님께서 제자들의 발을 씻어 주신 것에 담긴 메시지는 "너희들은 겸손한 사람이 되어라"가 아닙니다. "구원을 얻었다고 해서 그것이 전부가 아니다. 그 구원이 완성되는 날까지 계속 노력해야 한다. 너희들은 이제 성화에 힘써야 한다. 내가 그 과정에도 함께하겠다."입니다.

욥의 푸념

성경은 문맥이 있는 책입니다. 당연히 문맥 속에서 뜻을 파악해야 합니다. 문맥을 무시하면 성경에 있는 구절을 인용해서 성경에 없는 얘기를 하게 됩니다.

"네 시작은 미약하였으나 네 나중은 심히 창대하리라(욥 8:7)"나 "내게 능력 주시는 자 안에서 내가 모든 것을 할 수 있느니라(빌 4:13)" 같은 말씀이 문맥을 무시하는 대표적인 예입니다. 그러면 "나의 가는 길을 오직 그가 아시나니 그가 나를 단련하신 후에는 내가 정금같이 나오리라(욥 23:10, 개역한글판)"라는 말씀은 어떤가요?

어떤 어려움이 있을 때 자기가 왜 그런 어려움에 시달려야 하고 언제면 어려움이 끝나는지 모르지만, 그 어려움이 끝나면 더욱 성숙한 모습을 갖출 수 있을 것이라는 뜻으로 많이 인용합니다. 그런데 정말로 그럴까요?

〈욥기〉는 시작 부분이 참 멋있습니다. 잠깐 사이에 그 많던 재산과 자식을 다 잃은 욥이 "내가 모태에서 알몸으로 나왔사온즉 또한 알몸이 그리로 돌아가올지라 주신 이도 여호와시요 거두신 이도 여호와시오니 여호와의 이름이 찬송을 받으실지니이다(욥 1:21)"라고 합니다. 감탄사가 절로 나올 만한 고백입니다.

이런 내용으로 〈욥기〉가 끝나면 욥은 신앙 위인이 맞습니다. 모두가 본받아야 합니다. 그런데 〈욥기〉는 42장까지 있습니다. 욥은 시작은 멋있지만 그 이후에는 전혀 멋있지 않습니다.

결정적으로 42장에 욥이 회개하는 내용이 나옵니다. 시작 부분에서는 멋있게 신앙을 고백했는데 그런 고백이 계속 이어진 것이 아니라는 뜻입니다. 특히 23장은 "욥이 대답하여 이르되 오늘도 내게 반항하는 마음과 근심이 있나니 내가 받는 재앙이 탄식보다 무거움이라"라는 말로 시작합니다. 욥의 마음에 가득한 것이 반항하는 마음과 근심입니다. 하나님을 의뢰하는 마음 따위는 없습니다. 신앙을 고백할 수 있는 상황이 아닙니다.

〈욥기〉에 계속되는 욥의 불만은 "하나님, 대체 왜 이러십니까? 저에게 잘못이 있다면 속 시원히 그 이유나 말씀해 주십시오. 사람을 이렇게 억울한 경지에 몰아넣고 일언반구 얘기도 없는 것은 무슨 경우입니까?"입니다. 자기는 아무 잘못이 없는데 왜 이런 고난이 있느냐는 것입니다.

23장도 마찬가지입니다. 욥이 자기 재주로는 도저히 하나님을 찾을 수 없다고 탄식합니다. 동서남북 어디를 봐도 하나님의 자취조차 보이지 않습니다. 하지만 그것은 자기 사정입니다. 욥은 하나님을 보지 못해도 하나님은 욥을 속속들이 알고 계실 것입니다.

욥이 그런 생각을 근거로 푸념을 늘어놓습니다. "(나는 하나님이 어디 계신지 알지 못하지만) 하나님은 내가 옮기는 발자국 하나하나를 일일이 다 알고 계시다. 그러니 하나님께서 나를 확인하시기만 하면 나에게 아무런 흠도 없다는 사실이 이내 밝혀질 것이다. (그런데 하나님이 왜 그렇게 하지 않으시는지 정말 답답하다.)" 이런 푸념을 "나의 가는 길을 오직 그가 아시나니 그가 나를 단련하신 후에는 내가 정금같이 나오리라"라고 한 것입니다. 하나님을 향한 아름다운 신앙고백이 아니라 왜 하나님 노릇 제대로 안 하느냐는 항변입니다.

 "비록 욥이 어디로 가야 하나님을 만날 수 있는지는 몰랐지만 알고 있는 사실이 있었다. 지금의 모든 고난을 견디면 조만간 자기는 정금 같이 변모될 것이라는 사실이다. 그것 한 가지는 알았다. 비록 욥은 원인을 알 수 없는 고난 중에 있으면서도 하나님이 자기와 함께 하신다는 믿음만은 잃지 않았다."라는 말은 성경에 없습니다.

요단강을 건너면

찬송가 439장과 606장에 요단강이 나옵니다. "요단강을 건넌 후 영원 안식 얻네"라고도 하고 "며칠 후 며칠 후 요단강 건너가 만나리"라고도 합니다. 요단강이 어떤 강이어서 그렇습니까? 요단강을 건너는 것을 천국에 가는 것으로 비유할 만한 근거가 있을까요?

옛날 이스라엘이 요단강을 건너서 가나안에 들어갔습니다. 그다음에 어떻게 됩니까? 두 발 뻗고 편하게 산 게 아닙니다. 여리고성 전투를 시작으로 본격적으로 가나안 정복 전쟁을 해야 했습니다.

그러면 찬송가 439장이나 606장 가사는 어떻게 된 영문일까요? 잘은 모르지만 짚이는 구석이 있습니다.

구원을 설명할 적에 칭의, 성화, 영화라는 표현을 씁니다. 이스라엘의 출애굽 사건에 그대로 나타납니다. 홍해를 건넌 것은 칭의입니다. 홍해를 기준으로 신분이 바뀌었습니다. 하지만 홍해를 건너서 바로 가나안에 이른 것이 아닙니다. 가나안에 가려면 광야를 지나야 합니다. 광야 생활이 성화입니다. 광야를 걸으면 걸을수록 가나안이 가까워집니다. 그리고 가나안에 들어가서 거기 흐르는 젖과 꿀을 누리는 삶을 사는 것이 영화입니다.

우리가 구원을 얻은 것이 장차 예수님처럼 변모하기 위함인 것처럼 이스라엘이 홍해를 건넌 이유는 가나안에 가기 위한 것입니다.

그런데 홍해를 건넌 출애굽 1세대는 광야에서 다 죽습니다. (영화는 이 세상에서 이루어지는 것이 아니기도 합니다.) 정작 가나안에는 출애굽 2세대가 들어갔는데 그들이 요단강을 건넜습니다.

출애굽 2세대가 왜 요단강을 건넜는가 하면, 홍해를 건넌 경험이 없기 때문입니다. 홍해나 요단강이나 성격이 같습니다. 둘 다 이전 세상과의 단절을 의미합니다. 새로운 세상으로 편입하는 것입니다.

결국 "요단강을 건넌 후 영원 안식 얻네"나 "며칠 후 며칠 후 요단강 건너가 만나리"라는 가사는 근거가 모호합니다. 출애굽 1세대는 요단강에 대한 개념이 없었기 때문에 해당사항이 없고, 출애굽 2세대는 요단강을 건너가서 열심히 싸웠기 때문에 해당사항이 없습니다.

아마 이 둘이 적당히 섞여서 찬송가 439장이나 606장 가사가 나오지 않았나 싶습니다. 어쨌든 성경에는 근거가 없습니다.

기도가 씨름인가요?

"옛 야곱이 천사와 씨름하던 그 믿음을 주옵소서" 찬송가 368장 3절 가사입니다. 서리집사 시절, 야곱이 천사와 씨름한 것이 왜 믿음인지 목사님께 여쭌 적이 있습니다.

믿음이 있는 사람은 하나님께 순종하는 법입니다. 하나님과 힘겨루기를 하지 않습니다. 그러면 야곱이 천사와 씨름을 한 것은 불신앙이면 불신앙이지, 절대 신앙일 수 없습니다.

그때 제가 어떤 답을 들었는지는 기억나지 않습니다. 아마 하나님께 끝까지 매달려서 복을 받아내지 않았느냐는 말을 들은 것도 같은데 그러면 하나님은 어지간해서는 복을 안 주시려는 분입니까? 복을 주시더라도 마지못해서 주시는 분인가요?

야곱이 얍복강에서 씨름의 기도를 했다는 얘기를 한두 번 들은 것이 아닙니다. 그때마다 의아했습니다. 야곱이 천사와 씨름을 했다는 얘기는 성경에 있는데 그것을 왜 기도했다고 할까요? 씨름과 기도가 무슨 상관이 있습니까?

창 32:24-25에 "야곱은 홀로 남았더니 어떤 사람이 날이 새도록 야곱과 씨름하다가 자기가 야곱을 이기지 못함을 보고 그가 야곱의 허벅지 관절을 치매 야곱의 허벅지 관절이 그 사람과 씨름할 때에 어긋났더라"라고 되어 있습니다.

야곱이 어떤 사람과 씨름을 한 것이 아닙니다. 어떤 사람이 야곱과 씨름을 했습니다. 씨름의 승부도 야곱을 기준으로 말하지 않고 그 사람을 기준으로 말합니다. 야곱이 그 사람을 이기지 못한 것이 아니라 그 사람이 야곱을 이기지 못했습니다.

이런 내용을 놓고 "야곱이 밤새도록 씨름의 기도를 했다"라고 할 수 있을까요? 억지로 표현하자면 야곱은 씨름을 한 게 아니라 씨름을 당했습니다.

밧단아람에 있던 야곱이 그곳에서 계속 살 여건이 안 되어 고향으로 돌아갈 생각을 합니다. 처음에는 라반의 손아귀에서 빠져나가는 것이 급했는데 라반에게서 빠져나오니 이제는 에서가 걱정입니다.

먼저 사자를 보내어 에서의 눈치를 살피니 에서가 400명을 이끌고 오고 있다고 합니다. 야곱이 전전긍긍합니다. 나름대로 잔머리를 굴려서 자기 소유를 두 떼로 나눕니다. 에서가 들이닥쳐서 한 떼를 잃더라도 다른 한 떼는 지키려고 한 것입니다.

하지만 그것으로 마음이 놓이지 않습니다. 기도도 합니다. 하나님을 의뢰하는 것이 아니라 자기가 할 수 있는 방법은 다 동원한 것입니다.

에서한테 예물을 보내는데 세 차례에 나눠서 보냅니다. 예물을 한 번 받은 것으로는 마음이 안 풀려도 두 번, 세 번 거듭 받으면 풀리지 않을까 싶은 것입니다. 기도는 기도이고 잔머리는 잔머리입니다.

그것으로도 마음이 놓이지 않습니다. 아내와 아들들, 모든 소유는 다 압복강을 건넜는데 야곱 혼자 남습니다. 이런 내용에 이어서 어떤 사람이 날이 새도록 야곱과 씨름을 한다는 얘기가 나옵니다.

결국 이때의 씨름은 하나님을 향한 야곱의 적극적인 매달림이 아니라 야곱을 향한 하나님의 적극적인 개입입니다. "너, 계속 고집 부릴래? 언제까지 잔머리 굴리며 네 방식대로 살아갈 셈이냐?"라는 뜻이라고나 할까요?

그런데 야곱이 달리 야곱일까요? 밤새도록 고집을 꺾지 않습니다. 결국 그 사람이 물리력을 동원합니다. 야곱의 허벅지 관절을 친 것입니다.

그리고 야곱을 두고 가려고 하자 (어쩌면 속으로 "잘 먹고 잘살아라!"라고 했을 수도 있습니다.) 야곱이 그때서야 '아차!' 합니다. '이 사람이 보통 사람이 아니구나.' 싶었던 것이지요. 그래서 축복을 구하게 되고, 야곱의 이름이 이스라엘이 됩니다.

이런 내용을 놓고 "야곱이 얍복강에서 씨름의 기도를 했다"고 하는 이유가 무엇일까요? 짐작 가는 점이 있기는 합니다.

많은 사람들이 기도를 오해합니다. 하나님을 졸라서 자기가 원하는 것을 이루어내는 방편으로 말입니다. 하나님이 처음에는 기도를 들어줄 마음이 없었는데 자기의 끈질긴 기도를 견디다 못해서 들어주는 것인 양 생각합니다. 그렇게 끈질기게 기도를 해서 결국 응답을 받아낸 기도의 역군 이미지를 야곱한테 투영시킨 모양입니다.

하나님과 우리가 같은 편인가요, 다른 편인가요? 기도를 하면 하나님이 우리 뜻을 존중해야 합니까, 우리가 하나님 뜻을 존중해야 합니까?

천사와 씨름하는 그런 불순종은 옛날 야곱으로 족합니다. 만일 우리는 천사가 씨름을 걸어오면 얼른 그 자리에 엎드려 하늘을 우러른 다음(천사를 우러르지 말고요) "주여 말씀하옵소서. 종이 듣겠나이다. 제가 무엇을 잘못했습니까? 저를 고치겠습니다."라고 해야 합니다.

하나님께로부터 난 자

영접하는 자 곧 그 이름을 믿는 자들에게는 하나님의 자녀가 되는 권
세를 주셨으니(요 1:12)

전도지에서 특히 자주 보이는 말씀입니다. 마치 우리의 결단을 촉구하
는 말씀 같습니다. 얼른 예수를 영접해서 하나님의 자녀가 되는 권세를 누
리라는 것입니다.

그런데 이어지는 내용을 보면 그렇지 않습니다. "이는 혈통으로나 육정
으로나 사람의 뜻으로 나지 아니하고 오직 하나님께로부터 난 자들이니
라(요 1:13)"라고 했습니다.

예수님을 영접하는 사람은 하나님의 자녀가 되는 권세를 누립니다. 하
지만 아무나 영접할 수 있는 것이 아닙니다. 오직 하나님께로부터 난 자들
만 영접할 수 있습니다.

우리 생각에는 어쩌다 우연히 교회에 다니게 된 것 같은데 성경은 그렇게
얘기하지 않습니다. 우리가 하나님께로부터 났기 때문에 예수를 믿고 있
다고 합니다. 설마 하나님이 하나님의 자녀가 되는 권세를 아무에게나 막

뿌렸겠습니까?

산부인과 신생아실에 가면 신생아들이 죽 누워 있습니다. 신생아들은 누가 누구인지 구별도 잘 되지 않습니다. 아이 아빠가 간호사에게 얘기합니다.

"우리 애, 얼굴 좀 보여주세요."

"아무나 보세요. 다 비슷하잖아요."

퇴원 수속을 밟는 중에 간호사가 다시 얘기합니다. "저 애가 갑자기 버둥거리는 것이 따라가고 싶어 하는 것 같은데, 저 애로 데려가실래요?"

이런 법은 없습니다. 아무리 아이가 많아도 자기 유전인자를 물려받은 아이라야 자기 아이입니다. 하물며 하나님의 유전인자가 아무에게나 있을 수 없습니다.

요한복음은 시작이 굉장히 장엄합니다. "태초에 말씀이 계시니라 이 말씀이 하나님과 함께 계셨으니 이 말씀은 곧 하나님이시니라." 그리고 이어서 "빛이 어둠에 비치되 어둠이 깨닫지 못하더라", "자기 땅에 오매 자기 백성이 영접하지 아니하였더라" 같은 말씀이 나옵니다.

예수님은 하나님입니다. 그런 예수님이 이 세상에 왔습니다. 그런데 세상은 예수님을 알아보지 못합니다. 빛이 어둠에 비치되 어둠이 깨닫지 못하고, 자기 땅에 왔지만 자기 백성이 영접하지 않습니다. 그런데도 예수님을 영접하는 사람이 있습니다. 그러면 그 사람은 하나님께로부터 난 사람입니다.

결국 본문은 얼른 예수님을 영접해서 하나님의 자녀 된 권세를 누리라고 결단을 촉구하는 말씀이 아닙니다. 우리가 얻은 구원의 신적 기원을 설명하는 말씀입니다. 우리가 얻은 구원이 그만큼 놀라운 사건입니다.

그럼 교회는 왜 다녀?

"볼지어다 내가 문 밖에 서서 두드리노니 누구든지 내 음성을 듣고 문을 열면 내가 그에게로 들어가 그와 더불어 먹고 그는 나와 더불어 먹으리라" 요한계시록 3장 20절 말씀입니다. 전도지에서 흔히 볼 수 있습니다. 이 구절을 묘사한 성화도 있습니다. 예수님이 등불을 들고 손잡이가 없는 문을 두드리는 그림입니다.

그 그림을 보면 "예수님은 이 시간에도 우리의 마음 문을 두드리고 있습니다. 그 문은 밖에서는 열지 못합니다. 우리가 안에서 문을 열어야만 예수님이 들어오실 수 있습니다. 우리 모두 마음 문을 열고 예수님을 영접합시다."라는 얘기가 가능합니다.

그런데 요한계시록은 사도 요한이 소아시아에 있는 일곱 교회에 보낸 편지입니다. 수신자가 불신자가 아니라 교회 안에 있는 신자들입니다. 마음 문을 열고 예수님을 맞아들여야 하는 사람도 교회 밖에 있는 불신자가 아니라 교회 안에 있는 신자들입니다.

특히 계 3:20 말씀은 라오디게아 교회에 보낸 편지 중에 나오는 내용입니다. 요한계시록에 나오는 일곱 교회가 칭찬도 듣고 책망도 들었는데 유독 라오디게아 교회는 책망만 들은 것으로 유명합니다.

> 내가 네 행위를 아노니 네가 차지도 아니하고 뜨겁지도 아니하도다 네
> 가 차든지 뜨겁든지 하기를 원하노라 네가 이같이 미지근하여 뜨겁지
> 도 아니하고 차지도 아니하니 내 입에서 너를 토하여 버리리라 네가 말
> 하기를 나는 부자라 부요하여 부족한 것이 없다 하나 네 곤고한 것과
> 가련한 것과 가난한 것과 눈먼 것과 벌거벗은 것을 알지 못하는도다(계
> 3:15-17)

라오디게아 교회는 문제가 많은 교회였습니다. 자기들이 무엇을 잘못했
는지 모르는 정도가 아니라 자기네한테 잘못이 있다는 사실 자체를 몰랐
습니다. 주님 보시기에는 곤고하고 가련하고 가난하고 눈멀고 벌거벗었
는데 그들은 자기네가 부자고 부요하여 부족한 것이 없는 줄 알았습니다.
공부를 못하는 것도 문제지만 공부를 못하면서도 잘하는 줄 안다면 더
욱 심각합니다. 라오디게아 교회가 그랬습니다. 주님은 문밖에 세워놓고
자기들끼리 종교 유희를 즐기면서 그것이 신앙생활인 줄로 알았습니다.
이에 대한 처방이 "내가 너를 권하노니 내게서 불로 연단한 금을 사서 부
요하게 하고 흰 옷을 사서 입어 벌거벗은 수치를 보이지 않게 하고 안약을
사서 눈에 발라 보게 하라 무릇 내가 사랑하는 자를 책망하여 징계하노니
그러므로 네가 열심을 내라 회개하라(계 3:18-19)"입니다. 그리고 이어서 "볼
지어다 내가 문 밖에 서서 두드리노니 누구든지 내 음성을 듣고 문을 열면
내가 그에게로 들어가 그와 더불어 먹고 그는 나와 더불어 먹으리라"가 나
옵니다.

결국 문을 열고 주님을 맞는다는 얘기는 마음을 열고 주님을 영접하는 상상만 하면 되는 것이 아닙니다. 영접 기도를 따라 하면 되는 것도 아닙니다. 삶을 통째로 바꿔야 합니다. 주님께 불로 연단한 금을 사서 부요하게 하고 흰 옷을 사서 입어 벌거벗은 수치를 보이지 않게 하고 안약을 사서 눈에 발라 보게 해야 합니다. 그런 사람이 문을 여는 사람입니다.

어떤 사람이 친구한테 교회 가자는 말을 합니다. 그 친구가 흔쾌히 따라 나섰으면 얼마나 좋겠습니까만 그렇지 않습니다. 부담되어서 싫다는 것입니다. 그래도 계속 같이 가자고 합니다. 아무것도 할 필요가 없으니 그냥 예배만 참석하자고 했습니다.

친구가 묻습니다.

"정말?"

"응"

"정말 아무것도 안 해도 돼?"

"그렇다니까"

"그냥 예배만 참석하면 끝이야?"

"그래!"

"다른 건 아무것도 신경 쓸 필요 없어?"

"그래, 그냥 예배만 참석해."

"교회 다니는 것 말고는 아무것도 안 해도 돼?"

"그래, 그게 전부야"

조금만 더 설득하면 될 것 같아서 신명나게 얘기합니다. 친구 입에서 "그럼 가지 뭐." 소리가 나올 것도 같습니다. 그런데 다른 말이 나왔습니다.

"그럼 교회는 왜 다녀?"

참 기가 막힌 반론입니다. 교회 다니는 것 빼고는 아무것도 안 해도 된다면 교회는 왜 다닐까요? 교회 다니는 사람과 다니지 않는 사람의 차이는 무엇일까요? 어쩌면 우리는 주님을 영접한다는 말을 너무 쉽게 하는 것인지도 모릅니다.

주의 종을 잘 섬기면?

신학을 하기 전, 주의 종을 잘 섬기면 복을 받는다는 말을 귀가 따갑게 들었습니다. 들을 때마다 참 거북했습니다. 무엇보다 기독교를 너무 유치하게 몰아가는 것 같아서 싫었습니다.

한번은 목사님과 사담을 나누는 자리에서 또 그 말씀을 하시기에 조심스럽게 여쭸습니다. "성경 어디에 그런 근거가 있습니까?" 목사님이 사르밧 과부 얘기를 했습니다. 사르밧 과부가 엘리야를 대접해서 복 받은 것을 모르느냐는 것입니다. 다시 여쭸습니다. "그러면 누가복음에서 예수님께서 하신 말씀은 어떻게 되는 것입니까?"

내가 참으로 너희에게 이르노니 엘리야 시대에 하늘이 삼 년 육 개월 간 닫히어 온 땅에 큰 흉년이 들었을 때에 이스라엘에 많은 과부가 있었으되 엘리야가 그 중 한 사람에게도 보내심을 받지 않고 오직 시돈 땅에 있는 사렙다의 한 과부에게뿐이었으며 또 선지자 엘리사 때에 이스라엘에 많은 나병환자가 있었으되 그 중의 한 사람도 깨끗함을 얻지 못하고 오직 수리아 사람 나아만뿐이었느니라(눅 4:25-27)

예수님이 엘리야를 만난 사르밧 과부와 엘리사를 만난 나아만을 나란히 말씀하셨습니다. 두 사건이 주는 교훈이 같다는 뜻입니다. 결국 사르밧 과부 얘기는 나아만의 경우와 마찬가지로 하나님의 은혜는 우리의 자격이나 조건에 관계없다는 사실을 보여주는 것입니다.

30년 넘게 지난 일이니 그때 목사님께서 뭐라고 답변하셨는지 기억하지는 못합니다. 하여간 주의 종을 잘 대접하면 복을 받는다는 얘기는 참 허술하기 짝이 없습니다. 대체 주의 종은 누구이고, 잘 대접하는 것은 어떤 것이고, 그렇게 해서 받는다는 복은 어떤 복일까요? 하나같이 동의가 안 됩니다.

우선 예수를 그리스도로 고백하는 사람은 누구나 주의 종입니다. 주의 종이 아닌 사람은 신자가 아닙니다. 그런데 '주의 종'이라고 해서 목회자를 마치 특별한 신분인 양 얘기하는 것은 잘못입니다. 설마 목회자라고 해서 교인들보다 하나님과 더 가까운 사이일까요? 교인이 하는 기도보다 목회자가 하는 기도를 하나님이 더 잘 들어주십니까? 목회자와 교인들 사이에 차이가 있으면 어디까지나 역할의 차이입니다. 신분의 차이가 아닙니다.

잘 대접하는 것은 어떤 것일까요? 목사가 심방 가면 상다리 부러지게 차려서 배부르게 먹이고, 책값 하라고 봉투 드리고, 철따라 양복 선물하는 것이 잘 대접하는 것일까요? 부모님께 효도를 하는 것은 어떻습니까? 용돈 넉넉히 드리고 맛있는 음식 대접하는 것보다 부모님 말씀에 순종하는 것이 우선입니다. 마찬가지입니다. 목회자를 대접하는 최고의 방법이 있다면 설교 말씀대로 사는 것입니다. 그보다 더 좋은 대접이 없습니다. 그러면 하늘에 속한 모든 신령한 복을 받을 것입니다. 과연 그런 복을 받고 싶은지가 문제입니다.

또 주의 종을 잘 대접하면 복을 받는다는 말은 기복 신앙의 병폐를 반영하기도 합니다. 그렇게 해서 받고 싶은 복이 어떤 복일까요? 과연 신령한 복일까요?

요즘도 예수 믿고 복 받자는 말을 하는지 모르겠습니다. 신앙생활 잘해서 그 대가로 부자가 되고 병이 낫는 것을 기대하는 것입니다. 그런 생각이 있으면 주의 종을 잘 대접하면 복을 받는다는 말도 설득력을 가질 수 있습니다. (사람은 믿고 싶은 대로 믿는 경향이 있습니다.)

첨언하면, 예수 믿고 복 받자는 말은 차마 할 수 있는 말이 아닙니다. 우리한테 있는 신앙은 세상을 살아가는 방법이 아니라 원칙입니다. 그런데 예수 믿고 복 받자고 하면 신앙이 수단이 됩니다. 신앙을 수단 삼아서 세상 욕심을 이루려는 사람을 과연 신자로 인정해야 하는지 모르겠습니다.

볼테르가 신성로마제국을 꼬집은 얘기가 있습니다. "신성하지도 않고 로마도 아니고 제국도 아니다." 주의 종을 잘 대접하면 복을 받는다는 말도 마찬가지입니다. 주의 종도 아니고 대접도 아니고 복도 아닙니다!

명심해야 합니다. 예수를 그리스도로 믿는 것 자체가 이미 복입니다. 그것 말고는 다른 복이 없습니다. 적어도 우리 영혼이 영원하다면 그렇습니다.

하나님은 중심을 보십니다

어떤 교회 청년회에서 음주 문제에 대한 토론을 했습니다. (음주 문제는 단골 토론 주제이기도 합니다.) 비슷한 시기에 다른 교회에서도 같은 토론을 했습니다. 공교롭게도 결론이 같았습니다. "술을 마시는 것이 바람직하지는 않지만 하나님은 중심을 보시는 분이기 때문에 크게 문제 삼을 것은 없다." 두교회에서 짰을 리는 없습니다. 단지 생각하는 것이 비슷했을 뿐입니다.

하나님은 중심을 보시는 분이라는 말씀은 성경에 있습니다. 하지만 성경에 있다고 해서 무조건 갖다 붙이면 되는 것이 아니라 그 말씀이 어떤 문맥에서 나왔는지 따져봐야 합니다.

하나님께서 사울을 폐하기로 작정하시고 다윗한테 기름을 붓기 위해서 사무엘을 베들레헴으로 보냅니다. (아직 사무엘은 자기가 누구에게 기름을 부어야 하는지 모릅니다.) 사무엘이 가장 먼저 본 사람이 엘리압인데, 그의 외모가 무척 출중했나 봅니다. 사무엘이 감탄합니다. 과연 하나님께서 기름 부으실 만한 사람이라는 것입니다. 하나님께서 그때 하신 말씀이 "그의 용모와 키를 보지 말라 내가 이미 그를 버렸노라 내가 보는 것은 사람과 같지 아니하니 사람은 외모를 보거니와 나 여호와는 중심을 보느니라(삼상 16:7)"입니다.

외모가 덜 갖춰진 엘리압의 중심을 보시고 합격시킨 것이 아니라 외모가 갖추어진 엘리압의 중심을 보시고 불합격시켰습니다. 결국 하나님께서 중심을 보신다는 말씀은 형식은 갖추어지지 않아도 내용만 알차면 된다는 뜻이 아닙니다. 아무리 형식이 갖추어져 있어도 내용이 부실하면 안 된다는 뜻입니다. 굳이 음주 문제에 적용하고 싶으면 "술을 마셔도 중심이 바르면 합격 점수를 받을 수 있다"라고 할 것이 아니라 "술을 안 마신다고 해서 그것으로 합격이 아니다"라고 해야 합니다.

잠깐 생각해 보십시다. 하나님은 거룩하신 분인데 우리는 본성상 죄인입니다. 하나님보다 죄에 훨씬 가깝습니다. 거룩하신 하나님 말씀인 성경에 우리 생각을 지지하는 내용이 있을까요?

달란트는 화폐 단위입니다.

"나 받은 달란트 얼마런가 나 힘써 그것을 남기어서" 찬송가 597장 2절이 이렇게 시작합니다. 마태복음 25장에 있는 달란트 비유를 배경으로 한 가사입니다.

지금도 교회학교에서 달란트 잔치를 하는지 모르겠습니다. 1달란트가 6,000데나리온이고 1데나리온은 노동자 하루 일당입니다. 노동자 하루 일당이 10만 원이면 1달란트는 6억에 해당합니다. 교회학교 아이들이 그런 것을 알 턱이 없습니다. 1달란트를 내고 떡볶이도 사먹고 5달란트를 내고 색연필을 사는 것을 보면서 혼자 웃었던 기억이 있습니다.

그런데 화폐 단위인 이 달란트(ταλαντον)에서 영어 단어 talent가 나왔습니다. 재능, 소질, 인재, 연예인이라는 뜻입니다.

성경에 나오는 달란트는 화폐 단위인데, 여기에서 파생된 영어 단어 talent에 재능이라는 뜻이 있다 보니 달란트를 재능, 은사라는 뜻으로 쓰는 예가 왕왕 있습니다.

달란트 비유는 "또 어떤 사람이 타국에 갈 때 그 종들을 불러 자기 소유를 맡김과 같으니 각각 그 재능대로 한 사람에게는 금 다섯 달란트를, 한 사람에게는 두 달란트를, 한 사람에게는 한 달란트를 주고 떠났더니"로 시작합니다. 주인이 종들한테 재능대로 달란트를 맡겼습니다. 달란트를 재능이라는 뜻으로 쓰면 재능대로 재능을 맡긴 것이 됩니다.

아무러면 어떻습니까? 저는 달란트를 화폐 단위로만 씁니다만 재능이나 은사라는 뜻으로 쓰는 사람한테 일일이 그렇게 쓰지 말라고 할 마음은 없습니다. 언어는 일단 뜻이 통하는 것이 중요합니다.

하지만 "저는 전도에 달란트가 없어요." 하는 식으로 말하는 것은 곤란합니다. 전도를 하는 사람은 전부 달란트가 있는 사람들이니 달란트가 없는 사람은 안 해도 된다는 뜻일까요? 화폐 단위인 달란트를 재능이나 은사의 뜻으로 쓰는 것은 잘못이 아닐 수 있습니다만 그런 식으로 게으름을 합리화하는 것은 잘못입니다.

한 가지 문제가 생겼습니다. 제가 쓴 책 중에 〈쉽게 보는 어려운 레위기〉가 있는데 얼마 전에 재판이 나왔습니다. 바뀐 것은 없습니다. 표지와 가격만 바뀌었습니다. 그런데 새로 나온 책 표지에 "어려운 성경을 쉽게 풀어주는 달란트가 있는 저자가 전하는 쉽게 보는 어려운 레위기"라고 쓰인 것입니다. 저한테 어려운 성경을 쉽게 풀어주는 재주가 있는지는 모르지만 달란트는 절대 없습니다. 제가 아는 달란트는 어디까지나 화폐 단위입니다.

안식년 유감

"목사님은 안식년 어떻게 하세요?"

"안식년을 왜 지켜요?"

"성경에 있잖아요?"

"안식일 지키세요?"

"……"

"안식일은 안 지키면서 안식년은 왜 지켜요?"

성경에는 안식일 규정만 있는 것이 아니라 안식년 규정도 있습니다. 사람이 엿새 일하면 하루를 쉬어야 하는 것처럼 땅을 육 년간 경작하면 칠 년째는 휴경해야 했습니다. (땅을 엿새 경작하고 하루 쉴 수는 없습니다.) 농사를 짓지 않아도 땅에서 자라는 곡식이 있게 마련인데, 그것은 가난한 자의 몫입니다.

민수기 15장에 안식일에 나무한 사람을 진영 밖으로 끌어내어 돌로 쳐서 죽이는 얘기가 나옵니다. 진영 밖으로 끌어내는 것은 이스라엘 공동체 구성원 자격을 박탈한다는 뜻입니다. 안식일을 범한 죄를 그렇게 중하게 다루는 이유가 있습니다. 안식일을 지키는 것이 하나님을 하나님으로 인정하는 상징이기 때문입니다.

남녀가 같이 간다고 해서 꼭 팔짱을 껴야 하는 것은 아닙니다. 성격이나 상황에 따라 끼지 않을 수도 있습니다. 하지만 혼인 예식을 마친 신랑, 신부라면 얘기가 다릅니다. 이때의 팔짱은 스킨십의 문제가 아니라 부부가 되었음을 보여주는 상징입니다. 만일 신부가 팔짱 끼기를 거부하면 혼인이 무효가 될 수도 있습니다.

마찬가지입니다. 하나님만으로는 못 살겠다는 사람이라면 안식일을 지킬 까닭이 없습니다. 그런데 우리는 안식일이 아닌 주일을 지킵니다. 예수님께서 안식 후 첫날 즉 주일에 부활하셨기 때문입니다. 하나님께서 안식일을 지키라고 말씀하신 의미를 예수님께서 이루셨습니다.

안식년은 어떻습니까? 남북으로 갈라진 이스라엘이 꾸준히 불순종하더니 결국 북 왕국은 앗수르에게 망해서 나라가 없어지고, 남 왕국은 바벨론에 망해서 백성들이 전부 포로로 끌려가게 됩니다. 주권을 빼앗긴 정도가 아닙니다. 하나님께서 주신 땅에서 살아갈 자격을 박탈당한 것입니다. 그렇다고 해서 이스라엘 역사가 끝난 것은 아닙니다. 나중에 고레스 칙령으로 다시 돌아오게 됩니다. 그 내용을 성경은 "이에 토지가 황폐하여 땅이 안식년을 누림같이 안식하여 칠십 년을 지냈으니 여호와께서 예레미야의 입으로 하신 말씀이 이루어졌더라(대하 36:21)"라고 합니다.

이스라엘이 70년 동안 포로 생활을 했습니다. 농사를 지을 사람이 없으니 땅이 황폐하게 될 것입니다. 안식년을 무려 70차례나 지킨 것처럼 되는 것입니다. 이스라엘이 망한 것은 하나님을 떠나 우상을 섬겼기 때문인데 그 핵심이 안식년 때문인 것처럼 말합니다. 그러고 보니 짚이는 것이 있습니다. 바알이 농사의 신이기 때문입니다. 바알을 섬기면서 안식년을 지킬 까닭이 없습니다.

그래서 하나님께서 안식년을 지키게 했습니다. 감기에 걸린 아이가 약 먹기를 싫어하면 코를 막고서라도 억지로 먹이는 것처럼 다른 나라에 포로로 끌려가게 해서라도 안식년을 지키게 했습니다. 결국 안식일이든 안식년이든 의미는 같습니다. 과연 하나님을 하나님으로 인정하느냐 하는 것입니다.

그런데 이런 안식년이 얼렁뚱땅 휴가 개념으로 바뀌었습니다. 누군가 안식월이라는 말을 쓰는 것을 들은 적도 있습니다. 6개월 사역하고 한 달 쉰다는 뜻이 아닙니다. 1년을 쉬어야 하는데 교회 여건 때문에 한 달만 쉰다는 뜻으로 한 얘기입니다. 왜 그럴까요? 1년 쉬는 것이 성경에 근거한 것이면 교회 문을 닫고라도 쉬어야 하는 것 아닐까요?

그나마 모든 신자가 안식년을 지키는 것도 아닙니다. 목회자가 6년 사역하고 1년 휴가를 갖는 것이 성경적이면 전교인이 같이 안식년을 지켜야 합니다. 직장이 있는 교인은 직장을 쉬어야 하고, 자영업을 하는 교인은 가게 문을 닫아야 합니다. "그러면 어떻게 먹고사느냐?"라고 할 것 없습니다. 성경대로 하다가 죽으면 순교입니다.

물론 재충전 휴가가 필요할 수 있습니다. 그러면 어디까지나 휴가입니다. 성경에 기록된 안식년이 아닙니다. 성경은 언제나 우리의 구원을 말하는 책입니다.

만사형통하십니까?

나의 갈 길 다 가도록 예수 인도하시니
내 주 안에 있는 긍휼 어찌 의심하리요
믿음으로 사는 자는 하늘 위로 받겠네
무슨 일을 만나든지 만사형통하리라
무슨 일을 만나든지 만사형통하리라

찬송가 384장 1절입니다. 그런데 정말일까요? 무슨 일을 만나든지 만사가 형통한 사람이 주변에 얼마나 있나요? 혹시 만사가 형통하지 못하면 신앙에 문제가 있는 것일까요?

그것만 이상한 게 아닙니다. 믿음으로 사는 자는 하늘 위로를 받는다고 했는데, 왜 위로를 받아야 할까요? 형통한 사람한테는 위로가 필요 없지 않은가요? 대학 떨어지고 취직 안 되고 장사 망한 사람한테 위로가 필요하지, 원하는 대학 합격하고 원하는 직장 들어가고 장사 대박 난 사람한테도 위로가 필요할까요?

'형통'이란 단어를 국어사전에서 찾아보았습니다. "모든 일이 뜻과 같이

잘되어 감"이라고 설명되어 있네요. 설명이 마음에 듭니다. "모든 일이 자
기 뜻과 같이 잘되어 감"이라고 했으면 마음에 안 들었을 것입니다.

그런즉 너희는 이 언약의 말씀을 지켜 행하라 그리하면 너희가 하는 모
든 일이 형통하리라(신 29:9)

저한테 있는 〈히브리어 직역 성경〉에는 이 말씀이 "그러므로 너희는 이
언약의 말씀들을 지켜 행해야 하니 이는 너희가 행할 모든 것에 지혜롭게
하기 위함이다"라고 번역되어 있습니다.

우리말 성경에 '형통하리라'로 번역된 단어가 '사칼'인데, 뜻이 다양합니
다. 성경 다른 곳에서는 '지혜롭다', '깨닫다', '명철하다', '슬기롭다', '주의
하다' 등으로 나옵니다. 신 32:29에도 '사칼'이 나오는데, 거기서는 '분별하
다'로 번역되어 있습니다. 이런 사실을 감안하면 결국 "믿음으로 사는 자
는 무슨 일을 만나든지 만사형통하리라"라는 얘기는 "믿음으로 사는 자는
무슨 일을 만나든지 분별 있게(지혜롭게, 하나님 뜻대로) 처신합니다."라는 뜻입
니다.

화니 제인 크로스비라는 사람이 있습니다. 9,000여 편에 이르는 찬송시
를 남긴 사람입니다. 찬송가 384장도 그의 작품입니다. 그는 맹인이었습
니다. 하나님께 눈을 뜨게 해 달라고 기도한 적이 있느냐는 질문에 "저는
그것을 원하지 않습니다. 제가 천국에서 처음 뵐 분이 주님인 것으로 만족
합니다."라고 대답한 것으로 유명합니다. 그는 찬송가 384장에서 "For I
know, whatever befall me, Jesus doeth all things well.(나한테 무슨 일이
일어나더라도 예수님이 모든 것을 유익하게 하심을 알기 때문입니다.)"라고 했습니다. 그것

을 "무슨 일을 만나든지 만사형통하리라"로 번역한 것입니다.

요컨대 우리는 형통의 개념을 바꿔야 합니다. 자기가 원하는 대로 일이 풀리는 것이 형통이 아닙니다. 하나님 뜻에 맞는 처신을 하는 것이 형통입니다. 우리 인생 속에서 우리 계획이 얼마나 잘 이루어지느냐 하는 것은 그리 중요하지 않습니다. 우리 인생 속에서 하나님의 계획이 이루어져야 합니다. 믿음이 있는 사람은 그렇게 처신합니다. 그것이 형통입니다.

그런데 문득 궁금합니다. 찬송가 가사를 쓴 작사자가 이런 생각으로 썼을까요? 혹시 꿈보다 해몽이 더 좋은 것은 아닐까요? 거기에 대해서는 아는 바 없습니다. 어쨌든 우리는 무슨 일을 만나든지 만사가 형통해야 하는 사람들입니다. 하나님 뜻에 어긋나는 처신은 절대 하면 안 됩니다.

추수감사절의 감사

요즘은 추수감사절의 의미가 많이 퇴색되었다고 합니다. 농사를 짓지 않기 때문입니다. 그래서 언제부터인지 추수를 감사하는 날이라고 하지 않고 1년 동안 받은 은혜에 감사하는 날이라고 합니다.

그러면 기독교는 무슨 종교입니까? 다른 종교를 믿는 사람도 그런 감사를 할 수 있지 않습니까? 조상의 음덕으로 후손이 복을 받았다는 사람도 있고, 부처님의 자비하심에 의지한다는 사람도 있습니다. "우리는 하나님께 감사하지 않느냐?"라고 할 수 있을 것도 같습니다만 그 정도로는 모자랍니다. 감사하는 대상만 다르면 되는 것이 아니라 감사하는 내용이 달라야 합니다. 추수감사절이 단지 추수감사절이면 고구려의 동맹이나 부여의 영고, 동예의 무천과 별 차이가 없게 됩니다.

기도로 바꿔볼까요? 어떤 사람이 새벽마다 정화수를 떠놓고 치성을 드립니다. 그러다가 예수를 믿게 되었습니다. 기도하는 대상도 당연히 달라집니다. 전에는 신령님께 빌었다면 이제는 하나님께 기도합니다. 기도하는 내용은 어떻습니까? 달라졌을까요, 달라지지 않았을까요? 기도하는 내용은 달라지지 않고 기도하는 대상만 달라졌다면 아직 예수를 믿는 것이 무슨 뜻인지 모른다는 얘기입니다.

감사할 줄 아는 것은 참 좋은 일입니다. 감사하는 대상이 하나님이라면 번지수도 제대로 찾은 것입니다. 하지만 무엇을 감사할 것인지도 생각해 봐야 합니다. 하나님께서 우리한테 어떤 감사를 원하실까요? 자기가 하고 싶은 감사가 문제가 아닙니다. 하나님께서 받고 싶어 하시는 감사가 있을 것 아닙니까? 우리는 그런 감사를 할 수 있어야 합니다.

수장절이라는 절기가 있습니다. 히브리력으로 7월 15일부터 일주일인데, 수확한다고 할 때의 수(收)와 저장한다고 할 때의 장(藏)을 씁니다. 한 해의 수확물을 창고에 저장한 다음에 지키는 절기이니, 추수감사절과 방불합니다. 또 이 기간 동안 초막(장막)에서 지내기 때문에 초막절(장막절)이라고도 합니다. 출애굽한 이스라엘이 광야 생활을 할 때 초막(장막)에서 지낸 것을 기념하는 것입니다.

이스라엘이 홍해를 건너 애굽에서 나온 것은 우리가 죄에서 벗어난 것을 보여줍니다. 그러면 가나안 땅에서 얻은 풍성한 소출은 우리가 얻은 구원이 얼마나 복된 것인지를 보여줍니다. 초막에서 지내는 것은 우리가 지금 나그네로 살아가고 있다는 뜻입니다. 창고에 가득한 수확물은 우리를 위해서 예비된 천국 복락입니다. 이런 사실을 감안하면 추수감사절은 한 해 동안 받은 은혜를 감사하는 날이 아닙니다. "하나님이 햇빛과 비를 주셔서 이 모든 것을 추수했습니다. 감사합니다."라고 하는 날은 더더욱 아닙니다. 우리가 누구인지를 확인하는 날입니다.

무엇보다 성경은 우리한테 구원을 설명하는 책이라는 사실을 염두에 두어야 합니다. 이스라엘이 가나안 땅에서 얻은 소출로 하나님께 감사한 것처럼 우리는 구원 얻은 백성으로 살아서 얻은 열매로 감사할 수 있어야 합니다. 그 모든 열매가 장차 우리가 누릴 하늘 기업의 복락을 예표합니다. 이스라엘이 초막에 거하는 것처럼 우리가 비록 이 땅에서는 나그네로 살아가지만 우리를 위해서 예비된 복락은 수장절을 지키는 이스라엘의 창고만큼 풍성합니다.

절기에 대한 설명은 성경 여러 곳에 나옵니다. 레 23:39에서는 수장절을 설명하면서 "너희가 토지소산 거두기를 마치거든 일곱째 달 열닷샛날부터 이레 동안 여호와의 절기를 지키되 첫 날에도 안식하고 여덟째 날에도 안식할 것이요"라고 합니다. 7월 15일부터 일주일이 수장절(초막절)입니다. 그러면 7월 21일로 끝나야 합니다. 그런데 여덟째 날에 안식하라는 얘기를 합니다. 민수기에서도 마찬가지입니다. 민 29:12-38에 수장절에 드리는 제물이 날짜별로 설명되어 있습니다. 그중에는 여덟째 날에 드리는 제물도 있습니다(35-38절). 절기는 7일인데 8일째를 얘기합니다.

하나님께서 엿새 동안 천지를 창조하시고 칠 일째 되는 날 안식하셨습니다. 6의 결과로 7이 있습니다. 7을 완전수라고 합니다. 모든 것이 완전하니 안식하는 것 말고는 남은 일이 없습니다. 그러면 7 다음에 오는 8은 무엇일까요? 천지를 창조하시고는 '보시기에 심히 좋았더라!' 하실 만큼 모든 것이 완전했는데, 추가로 해야 할 일이 생겼습니다. 우리를 구원하는 일입니다.

사내아이가 태어나면 난지 8일 만에 할례를 행합니다. 구원 받은 하나님의 백성이라는 징표입니다. 문둥병에 걸렸다 나은 사람은 8일째 날에 제사장을 찾아가서 제사를 드렸습니다. 성경에서 문둥병은 죄를 나타냅니다. 그런 문둥병이 나았다는 얘기는 죄에서 놓여났다는 뜻입니다. 즉 구원받았다는 얘기입니다. 그러면 8일째 되는 날, 제사를 드린 다음에 일상에 복

귀했습니다. 8은 구원을 나타냅니다.

초막절을 이레 동안 지키라고 하면서 여덟째 날을 말하는 이유가 여기에 있습니다. 초막절이 말하는 내용이 결국 우리 구원의 완성이기 때문입니다. 초막 생활은 우리가 이 세상에서 나그네로 살아간다는 사실을 나타내고, 창고에 가득 수장된 소출은 장차 우리가 누릴 하늘 기업의 풍성함을 나타냅니다. 그러면 우리는 매해 추수감사절마다 우리가 신자로 살아서 얻은 결과를 확인해야 합니다. 그 옛날 이스라엘이 타작마당과 포도주 틀의 소출로 하나님께 감사했다면 우리는 우리가 신자로 살면서 쌓은 하늘 보화로 하나님께 감사해야 합니다. 금년에도 감사하고 내년에도 감사하고 내후년에도 감사하고, 감사하면 감사할수록 우리 구원이 점점 더 완성될 것입니다.

두세 사람이 합심하면?

진실로 다시 너희에게 이르노니 너희 중의 두 사람이 땅에서 합심하여 무엇이든지 구하면 하늘에 계신 내 아버지께서 그들을 위하여 이루게 하시리라 두세 사람이 내 이름으로 모인 곳에는 나도 그들 중에 있느니라(마 18:19-20)

오래전에 재수생 아들을 둔 분으로부터 기도 부탁을 받은 적이 있습니다. 그 분이 "집에서도 마 18:19-20 말씀에 의지하여 온 가족이 함께 기도하고 있습니다"라고 했습니다. 아닌 게 아니라 이 말씀은 합심기도를 강조할 때 자주 인용하곤 합니다. 그런데 뭔가 이상하기도 합니다. 왜 하필 두세 사람입니까? 혼자 있을 때는 주님이 함께하시지 않습니까?

19절은 '진실로 다시 너희에게 이르노니'라는 말로 시작했습니다. 다시 이른다고 했으니까 앞에서 한 얘기를 반복한다는 뜻입니다. 18절에는 "진실로 너희에게 이르노니 무엇이든지 너희가 땅에서 매면 하늘에서도 매일 것이요 무엇이든지 땅에서 풀면 하늘에서도 풀리리라"라는 말씀이 있습니다. 즉 19-20절은 "하나님은 혼자 기도하는 것보다 두세 사람이 같은 마음으로 기도하는 것을 더 좋아하신다. 우리가 같은 마음으로 기도할 때 하나님은 더 잘 응답하신다."라는 뜻이 아니라 18절 말씀을 다른 표현으로 반복 설명한 것입니다. 18절과 19-20절이 같은 뜻입니다.

18절은 우리에게 낯익습니다. 베드로가 "주는 그리스도시요 살아계신 하나님의 아들이시니이다"라고 했을 때 예수님이 그 신앙고백을 토대로 교회를 세우시겠다고 하면서 하신 말씀입니다. 그때 예수님이 "내가 천국 열쇠를 네게 주리니 네가 땅에서 무엇이든지 매면 하늘에서도 매일 것이요 네가 땅에서 무엇이든지 풀면 하늘에서도 풀리라"라고 했습니다.

이런 말씀이 나오는 이유를 알려면 그 앞에 있는 내용을 확인해야 합니다.

> 네 형제가 죄를 범하거든 가서 너와 그 사람과만 상대하여 권고하라 만일 들으면 네가 네 형제를 얻은 것이요 만일 듣지 않거든 한두 사람을 데리고 가서 두세 증인의 입으로 말마다 확증하게 하라 만일 그들의 말도 듣지 않거든 교회에 말하고 교회의 말도 듣지 않거든 이방인과 세리와 같이 여기라(마 18:15-17)

주변에 죄를 범한 사람이 있을 때 어떻게 해야 하는지에 대한 설명입니다. 세 단계를 거치라고 합니다. 처음에는 1:1로 얘기합니다. 어떤 사람에게 잘못이 있는 것을 굳이 여러 사람이 알게 할 이유가 없습니다. 잘못을 범한 사람이 자기 잘못을 인정하면 얘기는 간단합니다. 그런데 듣지 않으면 두세 증인을 동반해서 다시 얘기합니다. 그래도 말을 듣지 않으면 그다음에는 교회에 얘기하는데, 교회의 얘기마저 듣지 않으면 이방인이나 세리처럼 여기라고 합니다. 하나님의 백성으로 인정하지 말라는 뜻입니다.

얼핏 생각하면 잘못을 범한 사람에게 다시 기회를 주되, 도무지 말을 듣지 않으면 포기하라는 뜻인 것 같습니다. 그런데 이어지는 내용이 "진실로 너희에게 이르노니 무엇이든지 너희가 땅에서 매면 하늘에서도 매일 것이요 무엇이든지 땅에서 풀면 하늘에서도 풀리리라"입니다.

주님께서 교회에 천국 열쇠를 맡기셨습니다. 천국 열쇠를 갖고 있는 우리가 무엇이든지 땅에서 매면 하늘에서도 매이고, 무엇이든지 땅에서 풀면 하늘에서도 풀립니다. 우리가 용서하는 사람은 하늘에서도 용서를 받을 것이고, 우리가 용서하지 않는 사람은 하늘에서도 용서를 받지 못합니다.

"범죄한 형제가 교회의 말도 듣지 않거든 이방인이나 세리와 같이 여기라"는 말과 연결하면 어떻게 됩니까? 어떤 사람을 교회에서 쫓아내면 그 사람은 천국에서도 쫓겨나게 된다는 뜻입니다.

그렇다고 해서 교회의 결정에 따라서 구원이 좌우된다는 뜻일 수는 없습니다. 우리가 형제를 어느 만큼 용납하느냐 하는 문제가 그 정도로 중요하다는 뜻입니다. 우리가 형제를 용납하느냐 마느냐 하는 문제는 우리끼리 아옹다옹하고 끝나는 문제가 아니라 하나님께서 관심을 갖고 지켜보시는 문제입니다.

저는 데모가 끊이지 않던 시절에 대학에 다녔습니다. 학교 주변에는 늘 최루탄 냄새가 나곤 했습니다. 만일 그때 어떤 교수가 데모대를 막으면서 "정 나가려면 나를 짓밟고 가라"라고 했다고 가정해 봅시다. 정말로 짓밟고 가라는 뜻이 아닙니다. 교문 밖으로 뛰쳐나가는 일만큼은 절대 하지 말라는 뜻입니다.

결국 15-17절은 "형제를 정죄하는 일은 신중하게 해야 한다. 심사숙고

해서 결정해야 한다."라는 말이 아닙니다. "형제를 쫓아내는 일은 천국에서 쫓아내는 것과 같은 일이다. 그만큼 엄청난 일이다. 그런 일은 절대 없어야 한다."라는 뜻입니다.

연애기간에는 티격태격하는 일이 늘 있게 마련입니다. 연애하는 동안 말다툼 한 번 하지 않고 결혼하는 경우는 없습니다. 하지만 아무리 말다툼을 하더라도 할 수 있는 말과 하면 안 되는 말이 있습니다. 괜한 자존심을 세운답시고 "됐어, 우리 그만 만나!"라고 했다가 상대방이 "알았어, 그럼 그렇게 해!"라고 해버리면 일이 정말 커지기 때문입니다. 지금까지 다투던 문제는 쏙 들어가고 그때부터는 그 문제가 더 심각하게 됩니다.

"무엇이든지 너희가 땅에서 매면 하늘에서도 매일 것이요 무엇이든지 땅에서 풀면 하늘에서도 풀리리라"라는 18절 말씀이 바로 그렇습니다. 하나님께서 우리에게 그렇게 하신다는 뜻입니다. "너희, 헤어질래? 그래, 그럼 헤어지게 해 줄게. 두 번 다시 얼굴도 마주치지 않게 해 줄게." 그리고 19-20절에서는 한 번 더 강조해서 반복합니다. "내가 지금 한 말, 정말이다. 뭐든지 말만 해라. 너희가 너희끼리 의논해서 얘기하면 내가 다 들어주마."라는 뜻입니다.

우리가 "하나님, 쟤 미워요. 쟤 좀 혼내주세요."라고 하면, 하나님이 정말로 혼내줄 것입니다. 우리가 혼내주는 것과 하나님이 혼내주는 것은 차원이 다릅니다. 우리는 잠깐 혼내주려고 얘기했는데 하나님은 다시 번복하지 못하게 영원히 혼내주십니다.

그러면 어떻게 해야 합니까? 그런 말을 아예 입 밖에 내지 말아야 합니다. 행여 그런 마음도 품지 말아야 합니다. 그래서 용서가 필요합니다. 21절 이하에서는 베드로가 형제가 자기에게 범죄하면 몇 번이나 용서하면 되느냐고 묻는 내용이 나옵니다. 그리고 예수님이 그에 대한 답으로 일만 달란트를 탕감 받았으면서 백 데나리온을 탕감해줄 줄 모르는 불의한 종의 비유를 말씀하십니다.

결국 두 사람이 땅에서 합심하여 무엇이든지 구하면 하나님께서 이루어 주신다는 말씀은 혼자 하는 기도보다 합심해서 하는 기도가 더 효과적이라는 말씀이 아닙니다. 교회의 결정을 하나님께서 그만큼 중시하신다는 뜻입니다. 단 한 영혼이라도 떠나는 일이 없도록 하는 것이 교회의 책임입니다.

이 잔을 옮기시옵소서

이르시되 아버지여 만일 아버지의 뜻이거든 이 잔을 내게서 옮기시옵소서 그러나 내 원대로 마시옵고 아버지의 원대로 되기를 원하나이다 하시니(눅 22:42)

오래전의 일입니다. 십자가가 얼마나 끔찍한 형벌이었는지 예수님도 할 수만 있으면 피하고 싶어 했다는 얘기를 들은 적이 있습니다. 뭔가 석연치 않았습니다. 예수님이 너무 초라하게 되기 때문입니다.

이 땅에 교회가 시작된 이래 순교한 사람은 한둘이 아닙니다. 사자 밥이 되기도 했고, 불에 타 죽기도 했고, 어떤 사람은 주님처럼 십자가에 달리기도 했습니다. 인도의 어느 크리스천은 산 채로 살가죽을 벗기는 형을 받았는데, 태연하게 집행관에게 말했습니다. "낡고 오래 된 옷을 벗겨주시니 고맙습니다. 이제 곧 그리스도의 의를 덧입겠군요." 청교도 목사였던 크리스토퍼 러브는 처형대에 오를 준비를 하는 동안 아내에게 짧은 메모를 남겼습니다. "오늘, 저들은 내 육신의 머리를 자르겠지만 내 영혼의 머리이신 그리스도를 끊어내지는 못할 거요."

그런데 십자가 형벌이 아무리 무섭다고 해도 예수님이 그것을 피하고 싶어 했다는 것은 말이 안 됩니다. 메시야 위신 문제입니다.

예수님은 십자가에서 감당해야 할 일이 무엇인지를 제대로 알고 있었습니다. 십자가에 못 박힌 채 죽음을 기다려야 하는 고통이 문제가 아닙니다. 하나님과의 관계가 단절된다는 사실이 문제입니다.

속죄일이라는 절기가 있습니다. 이스라엘의 모든 죄를 사함 받는 날입니다. 히브리력으로 7월 10일입니다. 옛날 이스라엘은 성전에서 하나님을 섬겼습니다. 성전에는 성소와 지성소가 있는데, 성소에는 일반 백성은 못 들어가고 제사장만 들어갈 수 있었습니다. 또 지성소에는 제사장도 못 들어가고 대제사장만 일 년에 한 번 들어갈 수 있었습니다. 대제사장이 일 년에 한 번 지성소에 들어가는 날이 속죄일입니다.

속죄일이 되면 염소 두 마리를 택해서 한 마리는 속죄제로 드립니다. 다른 한 마리는 멀리 광야로 쫓아 보내는데, 쫓아 보내기 전에 하는 일이 있습니다. 염소 머리에 손을 얹고 이스라엘의 모든 죄를 고하며 기도하는 일입니다. 이스라엘의 죄를 그 염소한테 전가하는 것입니다. 그 염소는 멀리 광야로 내쫓겨서 다시는 돌아오지 말아야 합니다. 그처럼 이스라엘과 그 염소를 단절시키는 것으로 이스라엘이 죄와 상관없음을 형상화했습니다. 하나님이 예수님에게 그 역할을 맡기셨습니다.

예수님이 십자가에 달려 돌아가실 때 "엘리 엘리 라마 사박다니"라고 외쳤습니다. "나의 하나님 나의 하나님 어찌하여 나를 버리시나이까"라는 뜻입니다. 하나님이 예수님을 버린다는 것이 말이 됩니까? 원래는 말이 안 됩니다만 그때는 되어야 했습니다. 이 세상 모든 죄가 예수님께 덧씌워졌기 때문입니다. 하나님이 죄와 함께할 수는 없습니다. 광야로 쫓겨나는 염소가 이스라엘 공동체와 분리되는 것처럼 하나님과 예수님 사이가 단절되어야 했습니다.

예수님이 "아버지여 만일 아버지의 뜻이거든 이 잔을 내게서 옮기시옵소서 그러나 내 원대로 마시옵고 아버지의 원대로 되기를 원하나이다"라고 한 이유가 여기에 있습니다. 할 수만 있으면 그런 일만은 피하고 싶었습니다. 예수님에게 하나님과의 관계 단절은 도무지 상상도 할 수 없는 일이었습니다. 그런데 그 일을 감수해야만 이 세상 죄가 해결되는 것을 어떻게 합니까? 그래서 예수님은 땀방울이 핏방울이 되도록 처절하게 기도했습니다.

성전 정화 vs 성전 철폐

성경을 읽을 때 몇 가지 주의할 점이 있는데 그 하나가 성경은 바른생활 교과서가 아니라는 사실입니다. 성경에서는 구원에 대한 교훈을 찾아야 지, 착하게 살자는 교훈을 찾으면 안 됩니다. 물론 성경에는 세금을 제대로 내라는 말씀도 있고 어른을 공경하라는 말씀도 있고 저울눈을 속이지 말라는 말씀도 있습니다. 이런 말씀들은 착하게 살라는 뜻이 아니라 하나님 나라 백성의 속성을 말하는 것입니다. 교회에서 구제를 합니다만 구제를 하기 위해서 교회가 있는 것은 아닌 것과 같습니다.

예수님께서 성전에서 상인들을 내쫓은 사건도 그렇습니다. 흔히 성전 청결이나 성전 정화를 얘기합니다. 당시 성전이 부패해 있던 것은 맞습니다. 제사장과 상인이 결탁해서 폭리를 취한 것입니다. 또 성전세도 문제였습니다. 이스라엘 사람이면 누구나 반 세겔의 성전세를 내야 하는데, 로마 황제의 초상이 있는 동전으로는 성전세를 낼 수 없기 때문에 돈을 바꿔야 합니다. 물론 수수료가 녹록하지 않았습니다. 예수님이 이들을 쫓아낸 것입니다.

그러면 예수님은 무엇 때문에 세상에 오신 분입니까? 상거래 질서 확립을 위해서 오신 분입니까? 그런 문제라면 '소비자보호원'이나 '공정거래위원회'로 충분하지, 메시야가 직접 나설 이유가 없습니다.

예수님이 성전에서 매매하는 사람들과 돈 바꾸는 사람들을 꾸짖었습니다. 파는 사람들만 내쫓은 것이 아니라 사는 사람들도 내쫓았습니다. 양이나 비둘기가 아무리 비싸도 그것을 사지 않으면 제사를 드릴 수 없습니다. 예수님이 적정한 가격으로 제물로 쓰일 짐승을 공급하시기라도 하실 참입니까? 또 환전상들도 내쫓았습니다. 그러면 성전세는 어떻게 합니까? 성전세를 내지 않아도 예수님이 책임지시는 것입니까?

성전은 짐승을 대속물 삼아서 제사를 드리는 곳입니다. 그런데 예수님이 친히 대속물이 되십니다. 성전이 더 이상 필요가 없게 됩니다. 결국 예수님은 "왜 선량한 사람들의 주머니를 쥐어짜느냐? 장사 똑바로 해라!"라고 말씀하신 것이 아닙니다. "이제 제사 제도는 끝났다. 성전은 더 이상 필요가 없다."라는 사실을 말씀하신 것입니다.

만일 예수님이 성전을 청결하게 했으면 청결하게 된 성전에서 계속 제사가 드려져야 합니다. 상인들은 정상적인 가격으로 제물을 팔고 제사장들도 정상적으로 직무를 수행해야 합니다. 그런데 예수님이 십자가에 달리는 것으로 성전은 존재 이유가 없어져 버렸습니다. 지성소 휘장이 찢어진 사건이 그것을 단적으로 보여줍니다. 이제는 누구든지 하나님 앞에 나아갈 수 있게 되었습니다. 더 이상 제사장이 드리는 제물에 의지하지 않아도 됩니다.

요한복음에 따르면 이때 유대인들이 예수님께 표적을 요구합니다. 그리고 예수님은 성전을 헐면 사흘 동안에 일으키겠다고 답합니다. 사흘 만에 부활할 것을 말씀하신 것이었습니다. "부활의 능력이 있기 때문에 성전의 상거래질서를 바로잡을 수 있다."라고 하면 말이 안 됩니다. "예수님의 십자가 사역으로 성전은 더 이상 의미가 없게 된다"라는 뜻입니다. 예수님이 진정한 성전이기 때문입니다. 루터가 종교를 개혁한 것은 기독교를 부인한 것이 아니라 곪은 부분을 도려내자는 것이었습니다만 예수님이 성전에서 매매하는 자들을 내쫓으신 것은 성전을 정화하기 위함이 아니라 성전 철폐를 선언하신 것입니다.

로뎀나무 아래서

어디선가 '로뎀안경원'이라는 간판을 본 기억이 있습니다. 아마 크리스천이 운영하는 안경점이겠지요. 교회에서 운영하는 커피숍이나 휴게 시설에 '로뎀하우스'라는 이름을 붙인 경우도 여러 번 보았습니다. 어느 기도원인지 기억나지는 않지만 숙소 이름이 '로뎀관'인 곳도 있습니다.

엘리야가 바알 선지자, 아세라 선지자에게 선전포고를 합니다. 갈멜산에 제단을 쌓고 각자 섬기는 신을 불러 어느 신이 응답하는지 보자는 것입니다. 그때 하나님께서 엘리야가 쌓은 제단에 불을 내리셨습니다. 하나님이 참 신이라는 사실이 선포되었습니다.

그때 엘리야가 얼마나 기세등등했을까요? 이제 이세벨만 처단하면 이스라엘에 본격적으로 하나님의 통치가 실현될 것이라는 가슴 부푼 기대를 했을 것입니다.

그런데 그게 아니었습니다. 혼비백산해서 도망갈 줄 알았던 이세벨이 오히려 자기를 향해서 이를 가는 것이었습니다. 도망가는 처지가 된 것은 이세벨이 아니라 엘리야였습니다.

엘리야가 브엘세바까지 도망갔습니다. 성경에 '단에서 브엘세바'까지라는 말이 종종 나옵니다. 우리나라로 치면 '백두에서 한라까지'라고 하는 격입니다. 브엘세바는 남 왕국 유다의 남쪽 끝입니다. 더 이상 도망가면 이스라엘(남 왕국 + 북 왕국)을 벗어나게 됩니다. 즉 엘리야가 도망갈 수 있는 한도 안에서 가장 멀리 도망한 셈입니다. 그리고 로뎀나무 아래에 앉아서 신세타령을 합니다. "여호와여 넉넉하오니 지금 내 생명을 거두시옵소서 나는 내 조상들보다 낫지 못하니이다."

하나님께서는 그런 엘리야에게 천사를 보내서 떡과 물을 먹이십니다. 엘리야는 그 힘에 의지해서 사십 주 사십 야를 지나 호렙산에 이릅니다. 성경에 이런 내용이 있으니 로뎀나무하면 으레 휴식이나 재충전을 연상하는 모양입니다.

그런데 엘리야가 로뎀나무 아래서 재충전의 시간을 가진 것은 맞는데 그 다음에 어떻게 됩니까?

엘리야가 호렙산 굴에서 하나님의 음성을 듣습니다. 하나님께서 "엘리야야 네가 어찌하여 여기 있느냐?"라고 물으시자 (엘리야가 있어야 할 곳은 거기가 아니라는 뜻입니다.) "내가 만군의 하나님 여호와께 열심이 유별하오니 이는 이스라엘 자손이 주의 언약을 버리고 주의 제단을 헐며 칼로 주의 선지자들을 죽였음이오며 오직 나만 남았거늘 그들이 내 생명을 찾아 빼앗으려 하나이다(왕상 19:10)"라고 대답합니다. 하나님을 향해서 이렇게 열심인 자기가 곤경에 처했는데, 빨리 안 도와주고 무엇을 하느냐는 뜻입니다.

하나님께서는 산을 가르는 바람과 지진, 불을 차례로 보여주십니다. 하지만 바람이나 지진, 불 가운데 하나님께서 계시지 않았습니다. 세미한 음성으로 다시 묻습니다. "엘리야야 네가 어찌하여 여기 있느냐?" 그때도 엘리야는 "내가 만군의 하나님 여호와께 열심이 유별하오니 이는 이스라엘

자손이 주의 언약을 버리고 주의 제단을 헐며 칼로 주의 선지자들을 죽였음이오며 오직 나만 남았거늘 그들이 내 생명을 찾아 빼앗으려 하나이다 (왕상 19:14)" 하고, 방금 한 대답을 똑같이 반복합니다.

똑같은 질문에 똑같이 대답한다는 얘기는 조금도 철이 들지 않았다는 뜻입니다. 하나님은 처음 질문과 두 번째 질문 사이에 있었던 일(바람, 지진, 불)을 통해서 뭔가 깨달음이 있기를 바랐지만 엘리야는 우이독경에 마이동풍이었습니다.

엘리야는 하나님이 바람이나 지진, 불처럼 임하기를 바랐을 것입니다. 모든 것을 파괴하는 힘으로 세상을 뒤엎기를 바랐을 것입니다. 하지만 그것은 엘리야 생각입니다. 하나님은 세미한 음성으로 말씀하십니다. 아직은 세상을 심판할 때가 아니기 때문입니다.

물론 엘리야는 알 바 아닙니다. 하나님이 왜 자기 뜻과 같지 않은지 그것이 불만입니다. 그럼 얘기가 어떻게 됩니까? "엘리야가 로뎀나무 아래에서 재충전을 했다"가 전부가 아닙니다. "엘리야가 로뎀나무 아래에서 재충전을 했지만 그것으로는 철이 들지 않았더라."가 됩니다.

그나저나 철이 들지 않은 사람은 엘리야 한 사람으로 족했으면 합니다. 엘리야는 하나님이 주시는 휴식을 누렸으면서도 철이 들지 않았지만 우리는 철이 들어야 합니다.

3

일상 속에서

우리의 본질

'세븐 일레븐'이라는 편의점이 있습니다. 아침 7시에 문을 열고 밤 11시에 문을 닫는다는 뜻으로 붙여진 미국의 체인점 이름입니다. 오전 10시에 문을 열고 저녁 6시에 문을 닫는 백화점과 경쟁하기 위해서 내세운 전략입니다.

그 '세븐 일레븐'이 일본으로 건너가서 24시간 영업 체제로 바뀌었습니다. 나중에 미국의 모회사까지 일본 자본에 넘어갑니다. 그런데 이름은 여전히 '세븐 일레븐'입니다. 이제는 더 이상 '세븐 일레븐'이 아닌데도 그렇습니다.

'현수막(懸垂幕)'은 어떻습니까? 현수막은 매달 현(懸), 드리울 수(垂)를 씁니다. 이름대로라면 매달아서 드리워야 합니다. 예전에는 현수막이 정말 현수막이었습니다. 그 시대에는 세로로 쓰는 것이 대세였습니다. 그런데 지금은 대부분 가로로 씁니다. 현수막이 더 이상 현수막이 아닙니다. 그런데도 여전히 현수막이라고 합니다.

본질이 달라졌으면 이름도 달라져야 할 텐데 그게 성가신 모양입니다. 그렇다면 '그리스도인'은 어떨까요? '그리스도인'이라는 말은 안디옥에서 시작되었습니다. 교회에서 만든 용어가 아니라 세상 사람들이 만든 용어입니다. 그리스도에게 속한 사람이라는 뜻이지요. 당시 교인들이 그렇게 보여서 붙여진 이름입니다.

'그리스도인'이라는 말이 아직 만들어지지 않았다고 가정해 봅시다. 그러면 세상 사람들이 우리를 보고 '그리스도인'이라는 말을 떠올릴까요?

'세븐 일레븐'이 '세븐 일레븐'이거나 말거나 '현수막'이 '현수막'이거나 말거나 '그리스도인'은 '그리스도인'이었으면 좋겠습니다. 아니, '그리스도인'은 '그리스도인'이어야 합니다. 그 옛날 안디옥의 초대교회 교인들이 안디옥 사람들한테 그리스도에게 속한 사람으로 보였던 것처럼, 우리 역시 주변 사람들에게 그렇게 보여야 합니다. 우리는 그리스도에게 속한 사람들입니다.

이루고 싶은 소원

오래전 싸이월드에 미니홈피가 유행한 적이 있습니다. 제 미니홈피에 한 청년이 추석 인사를 남겼습니다. "목사님, 이번 추석에는 달을 보면서 소원을 빌어보세요."

황당했습니다. 목사한테 달을 보며 소원을 빌라니요! (목사가 아니면 달을 보며 소원을 빌어도 괜찮다는 얘기가 아닙니다.)

그런 일이 있고 5-6년은 족히 지난 것 같습니다. 청년회 성경 공부를 인도하면서 그 일화를 얘기했습니다. "오래전에 여차여차한 일이 있었다. 한번 따져보자. 어떤 소원이 있는데 기도를 하면 안 이루어지고, 달한테 빌면 이루어진다고 하자. 그러면 어떻게 할래?"

저는 삶의 기준이 우리 소원이 아니라 하나님이어야 한다는 사실을 말하고 싶었습니다. 하나님께 기도를 하면 소원이 안 이루어지고 달한테 빌어야 이루어진다고 하면, 차라리 소원을 안 이루는 것이 맞습니다. 남편이 자기가 원하는 만큼 생활비를 안 준다고 해서 옆집 남자한테 돈을 달라고 할 수는 없지 않습니까?

한 청년이 엉뚱한 말을 했습니다. "어떤 소원인지에 따라 달라질 것 같은

데요. 대수롭지 않은 소원이면 그냥 넘어가도 꼭 이루고 싶은 소원이면 달한테라도 빌어야죠."

순간 사방에서 폭소가 터졌는데, 그 청년이 다시 말했습니다. "야! 솔직히 말해봐, 너희는 아니야?" 갑자기 웃음이 그쳤습니다. 전부 멋쩍은 표정이었고 여기저기서 수긍하는 소리가 들렸습니다.

대체 신앙이 무엇일까요? 어느 만큼은 신앙이라는 이름으로 욕구를 자제할 수 있는데 그 이상은 안 되는 것일까요? 그 한도는 누가 정하는 것일까요?

추석입니다. 보름달이 뜨겠죠. 그 달을 보며 소원 비는 사람들, 전부 그 소원이 이루어지지 않았으면 좋겠다고 하면 악담일까요? 어쨌든 우리는 소원이 기준이 아니고 하나님이 기준인 사람입니다. "소원을 이루고 싶은 열망이 얼마나 큰가?"보다 "하나님이 과연 기뻐하시는 일인가?"가 문제입니다.

환경과 열심

저는 3남 1녀의 차남입니다. 형과 누이동생, 막냇동생이 있습니다. 저희 형제들이 공부를 제법 하는 편이었습니다. 그런데 막냇동생은 안 그랬습니다.

가만 보니 이유가 있었습니다. 아침에 깜빡 늦잠을 자면 형이나 저는 그때마다 난리가 났습니다. 어머니한테 빨리 안 깨우고 뭐 했느냐고 갖은 짜증을 다 부리며 부랴부랴 뛰어나갔습니다. 밥 먹을 새는 당연히 없습니다. 어머니가 서둘러서 도시락을 싸주면 그것을 받고 나갈 수도 있고, 심통을 부리느라 안 받고 그냥 갈 수도 있습니다.

동생은 안 그렇습니다. "어? 늦었네." 하면서도 밥은 꼭 먹었습니다. 어떤 때는 두 그릇도 먹습니다. 하도 신기해서 하루는 직접 물어보았습니다. "넌 지각했는데 밥이 목구멍으로 넘어 가냐?" 동생이 대답했습니다. "형, 생각해봐. 지각해서 공부 못하나, 배고파서 공부 못하나 어차피 공부 못하는 것은 마찬가지인데 배라도 불러야지."

제 동생이 일부러 지각하지는 않습니다. 어지간하면 제 시간에 갈 마음이 있습니다. 단, 밥까지 거르면서 제 시간에 갈 마음은 없습니다.

멀리 있는 얘기가 아닐 수 있습니다. 우리 중에 예수를 제대로 믿을 마음이 없는 사람이 어디 있습니까? 어지간하면 다 제대로 믿고 싶다고 합니다. 자기 주변이 늘 어지간하지 않은 것이 문제입니다. 이것저것 챙길 게 한두 가지가 아닙니다. 세상에서 손해 보면서까지 예수를 믿을 수는 없지 않습니까?

어떤 분이 얘기했습니다. "저도 시간 나면 성경 좀 읽어 보고 싶은데 통 시간이 안 나요."

"저도 시간 나면 돈 좀 벌고 싶은데 통 시간이 안 나요."라고 하는 분, 혹시 계실까요? 성경은 시간 나면 읽는 책이 아니고 시간 내서 읽는 책입니다. 평소에 하던 일 다 하고 남는 시간에 성경을 읽으려니 늘 시간이 없습니다.

성경을 열심히 읽자는 뜻이 아닙니다. 예수 믿는 것이 그렇다는 뜻입니다. 자기 하고 싶은 일 다 하고, 남들 하는 일 다 하고 언제 예수를 믿습니까? 예수는 만사 제치고 믿는 것입니다.

"잔말 말고 예수 믿자!" 내년에 저희 교회 표어로 삼을까 합니다. 제법 마음에 듭니다.

지켜야 할 가치

학교에서 돌아온 아이가 현관문을 열자마자 외칩니다. "엄마, 밥!" 이런 경우에 중요한 말에 밑줄을 그으라고 하면, 어디에 밑줄을 그어야 할까요? '엄마'입니까, '밥'입니까?

한 가지 더 있습니다. "신자답게 살자"에서는 어디에 밑줄을 그어야 합니까? '신자답게'입니까, '살자'입니까?

신자답게 살자는 말에 반대하는 사람은 없습니다. 그런데 신자답게 사는 일이 그리 만만치 않다는 것이 문제입니다. 신자답게 살 수 없는 상황이 있을 수 있습니다. 그러면 신자답게 죽으면 됩니다. 설령 생명을 포기하는 한이 있어도 '신자다움'은 포기하면 안 됩니다. 그것이 우리한테 가장 중요한 가치입니다.

〈약속〉이라는 영화가 있습니다. 조직폭력배 두목과 여의사가 연인으로 나오는 영화입니다. 부하가 다른 조직에 의해서 죽자, 두목이 복수를 합니다. 상대편 조직의 두목과 조직원 몇 명을 살해한 것입니다. 두목의 심복이 죄를 대신 뒤집어쓰고 잡혀갑니다. 사형선고를 받고 형 집행을 기다리는 처지가 됩니다. 두목이 면회를 갔을 때, 부하가 얘기합니다. "형님은 저한테 무엇을 주어도 아깝지 않다고 하셨습니다. 저 또한 형님께 무엇을 드려도 아깝지 않습니다." 그러면서 무릎을 꿇고 큰절을 합니다.

두목이 모든 범행 증거를 가지고 자수하러 가는 것으로 영화가 끝납니다. 부하는 두목을 위해서 대신 죽으려고 하고, 두목은 그 부하를 살리기 위해서 죽을 자리를 찾아갑니다. 뒷골목 건달들한테도 생명을 포기하면서까지 지키고 싶은 것이 있나 봅니다.

하물며 우리한테 그런 것이 없을 수 없습니다. 기독교 역사에서는 그런 사람을 순교자라고 해서 자손까지 칭송합니다.

그런데 언제부터인지 교회에서 이런 모습이 사라졌습니다. 신앙이 죄다 물러 터졌습니다. 무슨 일이 있어도 기필코 신자답게 살고야 말리라는 결연한 의지를 실행하는 모습은 보이지 않고 엉뚱한 모습만 보입니다. 자기가 얼마나 신앙을 지킬 수 없는 형편인지를 조목조목 늘어놓는 것입니다. 그렇게 하면 신앙을 지킨 것으로 인정되는 줄 아는 모양입니다.

요즘은 조금 뜸해졌습니다만 곳곳에 '힐링' 열풍입니다. 안 아픈 사람이 없는 것처럼 보입니다. 심지어는 어떤 교회 수련회 현수막에서도 '힐링'이라는 말을 보았습니다. 힐링이 있는 수련회라는 것입니다.

대체 어디가 그렇게 아픕니까? 힐링이 필요 없을 만큼 의연하게 사는 사람이 아무도 없는 것입니까? 교회에도 힐링이 필요하면 세상의 빛과 소금은 누가 하고, 땅끝까지 이르러 주님의 증인이 되는 일은 누가 하고, 하나님의 전신 갑주를 입고 마귀의 간계를 대적하는 일은 누가 합니까?

우리의 정체성

요즘은 다람쥐를 보기 힘들다고 합니다. 청설모한테 밀려서 그렇습니다. 은근히 아쉽습니다. 청설모는 다람쥐와 비슷하다고 하기에는 전혀 귀엽지가 않습니다.

그런데 이름이 이상합니다. 청설모의 모가 '털 모(毛)'입니다. 짐승 이름에 털 모(毛)자가 들어갈 이유가 있을까요? 사자를 사자털이라고 한다거나 돼지를 돼지털이라고 하는 게 말이 됩니까?

청설모의 본래 이름은 청서(靑鼠)입니다. 청설모는 청서의 털을 말합니다. 족제비 털이 붓 재료로 인기 있었다는데 청서 털도 그런 모양입니다. 사람들이 청서의 털에만 주목하다 보니 급기야 이름마저 바뀐 것이겠지요.

청서로서는 속상한 일인지 모르지만 은근히 마음에 들기도 합니다. 청설모만 보면 "누구든지 그리스도와 합하여 세례를 받은 자는 그리스도로 옷 입었느니라"라는 갈라디아서 말씀이 떠오르기 때문입니다.

군복을 입으면 군인이고 경찰관복을 입으면 경찰관이고 교복을 입으면 학생입니다. 옷이 곧 그 사람의 정체성을 나타냅니다. 청서가 털로 자기의 정체성을 삼은 것처럼 우리는 그리스도로 우리의 정체성을 삼습니다.

하나 더 있네요. 망개떡도 그렇습니다. 망개떡은 망개나무 잎으로 싼 떡인데 경상도 음식입니다. 망개나무는 청미래덩굴의 경상도 사투리입니다. 망개나무 잎으로 떡을 감싸서 찌면, 향이 배어드는 것은 물론이고 저장 시설이 좋지 않던 시절에 떡을 오래 보관할 수 있는 효과도 있었다고 합니다.

망개떡이라는 이름도 참 마음에 듭니다. 떡보다도 떡을 감싸고 있는 망개나무 잎이 그 정체성이 되었기 때문입니다.

그리스도인이 바로 그런 사람입니다. 우리의 정체성이 그리스도에 있습니다. 누군가 우리를 볼 때 우리는 보이지 않고 그리스도만 보였으면 좋겠습니다.

변명 금지

중학교 1학년 영어 시간에 충격적인 사실을 알게 되었습니다. 우리나라 중학생들은 영어를 배우는데 미국 중학생들은 우리나라 말을 배우지 않는다는 것입니다. 그런 법이 어디 있습니까? 미국에서 자기네 중학생들한테 우리나라 말을 가르칠 때까지 영어 공부를 하지 않기로 결심했습니다. 지금 생각하면 어처구니없지만 당시에는 상당히 비장했습니다.

어떤가요? 학교 교육 과정에 영어가 편성되어 있다는 이유만으로 아무 생각 없이 공부하는 학생보다 자기 나름대로 논리와 소신을 가지고 "난 안 해!" 하는 학생이 더 똑똑해 보이지 않나요?

그래서 어떻게 되었을까요? 미국이 자기들의 오만을 뉘우치고 중학교 교육 과정에 한국어를 개설하는 일은 일어나지 않았습니다. 저만 영어가 취약 과목이 되어 고생했습니다. 그 모든 손해가 고스란히 저의 몫이었습니다.

사도행전에 마가가 바울과 바나바의 1차 전도 여행 때 수종자로 따라나섰다가 중간에 돌아갔다는 기록이 있습니다. 그 이유는 아무도 모릅니다. "바울과 및 동행하는 사람들이 바보에서 배 타고 밤빌리아에 있는 버가에 이르니 요한은 그들에게서 떠나 예루살렘으로 돌아가고(행 13:13)"라고 기록되어 있을 뿐입니다. 여기에서 요한은 흔히 마가 요한이라고 하는데, 마가는 로마식 이름이고 요한은 헬라식 이름입니다.

설마 마가가 대수롭지 않은 일로 돌아갔을까요? 저한테 있는 책 중에는 그 사유를 대여섯 장에 걸쳐 장황하게 추측한 책도 있습니다. 읽다 보니 수긍이 되는 것이 아니라 문득 짜증이 났습니다. 마가가 왜 중도에 포기했는지 성경이 이유를 밝히지 않고 있습니다. 그런데 억지로 추측하는 것이 무슨 의미가 있을까요?

성경이 말을 하지 않으면 우리는 그 사실만으로 교훈을 얻을 수 있어야 합니다. 요컨대 마가는 선교 사역을 중도에 포기한 사람입니다. 그것으로 끝입니다.

사소한 이유로 포기했을 리는 없습니다. 아주 심각한 이유가 있었을 것입니다. 하지만 성경이 아무 관심도 보이지 않고 있습니다. 어쩌면 마가는 자기 사정을 헤아려주지 않는 것이 서운할 수 있습니다. 하지만 인심 야박한 전당포집 주인이 나 몰라라 하는 것이 아닙니다. 하나님 말씀인 성경이 그렇게 하고 있습니다. 마가의 사정이 얼마나 딱했는지에 관심이 없습니다. 명심해야 합니다. 아무리 사유가 타당해도 안 한 것은 안 한 것입니다.

신앙생활을 하지 않을 수 있는 사유가 어떤 것이 있을까요? 어떤 경우라고 해도 안 한 것은 안 한 것입니다. 그 손해는 고스란히 자기 몫입니다. 신앙은 결국 자기 책임입니다.

우리의 눈높이

교회 근처에 이발소가 있습니다. 가끔 가서 머리를 자릅니다. 별로 마음에 들지는 않지만 개의치 않습니다. 며칠 지나면 괜찮아집니다. 그보다 이발소 입구에 붙어 있는 '모범 업소'라는 문구가 마음에 안 듭니다.

'모범 업소'가 무슨 뜻일까요? 이발소 운영에 남다른 모범을 보이는 업소라는 뜻이 아닙니다. 퇴폐 영업을 안 한다는 뜻입니다. 퇴폐 영업을 하지 않는 것은 모범이 아니고 정상이라야 하는데, 뭔가 잘못된 느낌입니다. 마치 낙제만 안 하면 우등상을 주는 격입니다.

그런데 남의 말을 할 겨를이 없습니다. 눈높이가 낮기로는 교회도 만만치 않습니다. 제 기억으로 초등학교의 연간 출석일수가 대략 220일이었습니다. (주 5일 수업 이전입니다.) 그 220일을 꼬박 출석해야 개근상을 줍니다. 전에는 결석 세 번까지는 정근상을 줬는데, 언제부턴가 없어지고 말았습니다. 대상자가 너무 많아서 의미가 없기 때문입니다.

만일 정근상 수상 조건만 갖추면 우등상을 덤으로 주는 학교가 있다면, 그 학교가 어떤 학교일까요? 교회가 그런 식입니다. 1년 52주 중에 50주 정도 예배에 참석하면 신앙생활 잘한다고 합니다. (학교로 치면 정근상도 못 받을 수준입니다.) 45주 정도 출석해도 물론 그렇습니다. 학교에서는 세 번 지각하면 한 번 결석으로 치는데 교회에서는 그런 것도 없습니다. 대체 눈높이가 어느 만큼 낮으면 그럴까요?

가끔 자녀가 교회 안 간다고 걱정하는 집을 봅니다. 아무 집이나 그런 걱정을 하지 않습니다. 신앙에 관심 있는 집이어야 그런 걱정도 합니다. 그런데 이상합니다. 가는 곳이 학교일 때는 공부하라고 야단치면서 가는 곳이 교회일 때는 신앙생활 잘하라고 야단치지 않고 교회 가라고 야단칩니다. 교회 출석이 곧 신앙생활인 모양입니다.

설마 예수님이 우리로 하여금 일주일에 한 번, 예배 빼먹지 않는 사람이 되게 하려고 십자가에 달리셨을까요? 제가 예수님이면 참 속상할 것 같습니다.

하나님, 우등상 주세요

이은경

1년 52주
예배 참석
황사 날고
바람 거세고
눈비 뿌리는데
쉽지 않은
일이지요

개근상으로
퉁치지 마시고
과연 영과 진리로냐
따지지 마시고
기껏 예배 빠지지 말라는 십자가가 아니다
항변하지 마시고

부상은
이 요동치는 세상에
만사형통 부탁드려요

현실은 진실의 적

수년 전, 〈태양의 후예〉라는 드라마가 있었습니다. 우르크라는 가상 국가가 배경입니다. 그 나라에 지진이 일어났습니다. 생존자 구조에 정신이 없습니다.

구조 현장을 지휘하는 유시진한테 엉뚱한 요구를 하는 사람이 있습니다. 우르크 전력 공사 매니저입니다. "내가 누구인지 알아? 나도 대한민국을 위해 불철주야 일하는 사람이야. 중요한 서류를 꺼내야 하니까 사무실 먼저 복구해."라는 것이 그의 말이었습니다. 실상은 사무실에 숨겨 놓은 다이아몬드 때문입니다.

유시진이 응하지 않자, 재차 얘기합니다. "군인이 뭐야? 국가적 임무를 우선해야 하는 게 군인 아냐? 지금 이 판국에 노가다 한두 명 죽고 사는 게 문제가 아니라니까!"

유시진이 대답합니다. "이 새끼야! 국가가 뭔데? 국민의 생명과 안전을 최우선으로 하는 게 국가야. 무슨 뜻이냐 하면, 너 같은 새끼도 위험에 처하면 모든 수단과 방법을 동원해서 구해내는 게 국가라고! 군인인 나한테 국민의 생명보다 우선하라고 국가가 준 임무는 없으니까 정 그렇게 서류가 급하면 가서 직접 파!"

우르크 전력 공사 매니저는 그 드라마에서 가장 밉상으로 등장합니다. 하는 짓마다 그렇게 미울 수가 없습니다.

신앙을 얘기하면 으레 그런 사람이 걸립니다. 그런 사람한테까지도 신앙 원칙을 지켜야 합니까? 그에 대한 답을 유시진이 줬습니다. 그런 사람까지도 위험에 처하면 구하는 것이 군인의 임무라고 합니다. 신자는 그런 사람한테까지도 신자여야 합니다. "내가 비록 신자이기는 하지만 저 사람한테는 신자이기 싫다."라는 말은 통하지 않습니다.

사람을 환경으로 바꾸어도 마찬가지입니다. 신앙을 얘기할 때마다 늘 듣게 되는 반론이 현실이 그렇지 않다는 말입니다. 듣고 보면 일리 있습니다. 우리는 자본주의 세상에서 살고 있습니다. 모든 것을 돈으로 따집니다. 돈이 많으면 잘산다고 하고 돈이 없으면 못산다고 합니다. 잘살고 못사는 것을 돈이 결정합니다.

그래서 전부 아등바등 살아갑니다. 참이니 경건이니 정결이니 하는 것이 좋은 줄 누가 모릅니까? 하지만 그런 것으로는 세상을 살 수 없습니다. 당장 세상에서 낙오되면 누가 책임집니까? 일단 먹고살아야 예수도 믿을 것 아닙니까?

세르반테스가 그의 책 〈돈키호테〉에서 이런 얘기를 합니다. "현실은 진실의 적이오! 세상이 미쳐 돌아갈 때 누구를 미치광이라 부를 수 있겠소? 꿈을 포기하고 이성적으로 사는 것이 미친 짓이겠죠. 쓰레기더미에서 보물을 찾는 것이 미쳐 보이나요? 아뇨! 너무 똑바른 정신을 가진 것이 미친 짓이오! 그중에서도 가장 미친 짓은 이상을 외면하고 현실을 있는 그대로 보는 것이오."

현실은 진실의 적이라는 말이 무척이나 날카롭습니다. 돈키호테가 말합니다. "누가 미친 거죠? 장차 이룩할 수 있는 세상을 상상하는 내가 미친 건가요, 아니면 있는 그대로만 세상을 보는 사람이 미친 건가요?"

우리 시민권이 하늘에 있는 것이 맞습니까? 우리가 장차 예수님과 같은 영광의 몸의 형체로 변하는 것이 맞습니까? 그러면 그런 소망을 갖고 살아가는 사람이 미친 사람입니까, 그런 사실은 알기만 하고 현실에 순응하는 사람이 미친 사람입니까?

웃기고 자빠진 사람들

몇 년 전에 장례식에 참석한 적이 있습니다. 봉분을 만드는 동안 잠깐 산책을 했습니다. 사방이 전부 무덤이었는데, 비석이 크게 두 가지였습니다. 십자가가 새겨진 비석과 십자가가 새겨지지 않은 비석입니다. 그 사실이 얼마나 엄청난 차이인지 아는 사람만 알 것입니다.

그런 생각을 하며 걷다가 재미있는 사실을 발견했습니다. 아무리 눈을 씻고 찾아도 '대표이사 아무개의 묘' '통장에 1억을 모은 아무개의 묘' '강남에 아파트 세 채를 갖고 있는 아무개의 묘' 같은 비문은 보이지 않았습니다.

그 무덤 임자들 중에는 자기가 운영하는 회사를 자기 분신으로 알고 거기에 모든 것을 바친 사람이 얼마든지 있을 수 있습니다. 통장에 1억 넣어두는 것을 인생의 목표로 삼았던 사람도 있을 수 있고, 아파트 세 채를 갖고 있는 것이 마냥 자랑이었던 사람도 있을 수 있습니다. 하지만 그 육신이 무덤에 이르면 아무 소용이 없습니다.

이 세상에 있는 모든 것은 죽으면 끝납니다. 세상에 있는 것 중에서 죽은 다음에도 써먹을 수 있는 것은 신앙뿐입니다. 이것이 기독교 신앙의 가치입니다.

　만일 자신의 묘비를 직접 쓴다면 어떤 말을 쓰고 싶습니까? 개그우먼 김미화 씨는 자기 묘비에 '웃기고 자빠졌네'라고 쓰고 싶다고 했습니다. 개그우먼으로 살아간 일생을 가장 잘 대변하는 말일 수 있습니다.

　'웃기고 자빠졌네'라는 묘비명을 본다면 누구나 배꼽을 잡을 것입니다. 그러면 살아생전 개그우먼으로 살면서 남에게 웃음을 주다가 죽은 다음에도 웃음을 주는 격입니다. 그야말로 철저한 개그우먼입니다.

　아닌 게 아니라 이 세상에는 웃기고 자빠진 사람이 한둘이 아닙니다. 묘지에 누워 있는 수두룩한 시신들 대부분이 웃기고 자빠진 사람들일 수 있습니다.

　하나님이 이 세상 주인인 것을 모르고 썩어 없어질 육신의 욕구를 채우느라 인생을 낭비하다 죽은 사람들은 다분히 웃기고 자빠진 사람들이라고 할 만합니다. 이 세상에서 영원히 사는 것이 아니라 언젠가 죽어야 한다는 사실을 뻔히 알았으면서 아무런 대책도 세우지 않고 죽은 사람도 웃기고 자빠진 사람입니다.

　하지만 그보다 더 웃기고 자빠진 사람이 있습니다. 말로는 하나님이 이 세상 주인이라고 하면서 하나님이 없는 것처럼 살아가는 사람입니다. 자기가 살아온 모든 날을 하나님 앞에 평가받는 날이 있다는 사실을 안다고 하면서도 세상 평가에만 신경 쓰는 사람이야말로 진짜 웃기고 자빠진 사람입니다.

기대와 기대

1977년에 미국에서 토성 탐사선 보이저 1호를 발사했습니다. 보이저 1호는 하루에 120만 km의 속도로 달렸습니다. 지구에서 달까지의 거리가 384,000km이니, 하루에 달을 한 번 왕복하고도 한 번 더 갈 수 있는 속도입니다.

그런 속도로 3년 2개월을 달려서 토성에 도착했습니다. 지구에서 토성까지가 얼마나 먼 거리인지 우리로서는 상상도 못할 지경입니다. 하지만 이것이 우주 전부가 아닙니다. 우주의 극히 일부인 태양계에 속한 얘기입니다.

허블 우주 망원경으로는 대략 120억 광년 떨어진 별도 관찰이 가능하다고 합니다. 용골자리라는 별자리가 있습니다. 그 별자리의 에타라는 별은 태양보다 5백만 배나 더 밝다고 합니다. 태양보다 5백만 배나 더 밝은 것이 어떤 것인지 상상이 되십니까?

지구에서 640광년 떨어진 곳에 베텔게우스라는 별이 있습니다. 지름이 무려 1억6천만km나 되는 초거성입니다. 지구에서 태양까지의 거리가 1억 5천만km이니, 지구에서 태양까지의 거리보다 더 큰 별입니다. 이런 엄청난 우주를 하나님이 만드셨습니다.

하나님이 이런 능력으로 무엇을 하셨느냐 하면, 우리를 그리스도 안에서 하나님의 자녀로 부르셨습니다. 그러면 당장 의문이 생깁니다. "그런데 왜 그런 능력으로 우리를 도와주시지는 않습니까? 우리 삶은 언제면 형통하게 되는 겁니까?"

우리가 기대하는 신앙과 하나님이 원하시는 신앙이 다릅니다. 사람들은 신앙의 이름으로 자기한테 유리한 일이 생기기를 기대합니다. 그런데 성경은 하나님을 아는 것이 신앙이라고 합니다.

우리의 문제가 무엇인가 하면, 하나님을 모른다는 것입니다. 하나님이 왜 우리를 불렀는지를 모르고, 하나님이 우리를 위해서 어떤 것을 예비하셨는지를 모릅니다. 하나님이 어떤 능력으로 우리 안에서 역사하고 계신지를 모릅니다.

우리 눈에는 우리 문제만 보입니다. 하나님이 보이지 않습니다. 하나님을 알아야 한다고 인정은 하면서도 알려고 노력하지는 않습니다. 예수를 믿는다는 이유로 자기에게 좋은 일이 있기를 막연히 기대합니다. 하나님이 언제면 자기의 문제를 해결해주실지 그것만 궁금합니다. 하나님을 아는 문제보다 세상 사는 문제가 훨씬 급합니다. 언제면 그런 자리에서 벗어나게 될까요?

외양과 본질

호두과자를 먹다가 문득 궁금해졌습니다. 호두과자는 왜 호두과자일까요? 호두과자와 건빵을 비교해 보면 이런 의문이 더 증폭됩니다. 호두과자는 빵처럼 생기고 오히려 건빵이 과자처럼 생기지 않았나요?

왜 호두빵, 건과자가 아니고 호두과자, 건빵일까요? 이유가 있습니다. 이스트 때문입니다. 빵에는 이스트가 들어가고 과자에는 들어가지 않습니다.

호두과자에는 이스트가 들어가지 않습니다. 그래서 빵처럼 생겼지만 과자입니다. 건빵에는 이스트가 들어갑니다. 건빵에 보면 조그만 구멍이 있습니다. 본래 건빵은 전투식량이라서 부피가 크면 안 됩니다. 그래서 이스트를 넣으면서도 부풀지 못하게 구멍을 낸 것입니다.

빵처럼 생긴 과자도 있고 과자처럼 생긴 빵도 있는 것을 보면 외양과 본질이 항상 일치하는 것은 아닌 모양입니다. 아무리 그래도 불신자처럼 보이는 신자는 없었으면 좋겠습니다.

4

역사와 함께

그리스도와 그리스도인

신라 33대 성덕왕 이름이 '융기'였습니다. 마침 당나라 현종도 '융기'였습니다. 사신이 와서 질타합니다. 어떻게 대국 황제와 같은 이름을 쓰느냐는 것입니다. 별수 없이 이름을 '흥광'으로 고칩니다.

혹시 왕후라는 이름을 들어보셨습니까? 해동 천태종을 세웠고 화폐 주조를 건의하기도 했습니다. 자(字)가 의천입니다. 왕후는 들어본 적이 없어도 대각국사 의천은 들어보았을 것입니다.

왕후는 본래 고려의 왕자였습니다. 11대 왕인 문종의 4남입니다. 그런데 송나라 철종 이름도 '후'였습니다. 그래서 본명인 후를 못 쓰고 의천이라는 자를 썼습니다. 송나라 철종 이름이 후가 아니었으면 우리는 대각국사 의천이 아닌 대각국사 왕후를 알고 있을 것입니다.

이런 예는 많습니다. 본래 꿩을 나타내는 한자는 '치(雉)'입니다. 꿩고기로 만든 만두를 생치만두라고 하죠. 그런데 꿩을 말할 때는 치(雉)라고 하지 않고 '산계(山鷄)'나 '야계(野鷄)'라고 합니다. 꿩이 닭으로 바뀌었습니다. 중국 한나라 여후 이름이 '치'였기 때문입니다. (여후는 남편인 한고조 유방이 죽은 다음에 중국을 통치한 최초의 황후입니다.)

그런데 우리는 감히 우리를 그리스도인이라고 합니다. 여후의 이름이 '치'라는 이유로 꿩을 닭으로 바꿔 말하게 하는 것이 세상 원칙인데, 주님께서는 우리에게 그리스도라는 호칭을 허락하셨습니다. 주님께서 기꺼이 주님의 이름을 우리에게 위임하신 것입니다. 이름을 위임하셨다는 말은 전부를 줬다는 뜻입니다. 우리가 그런 사랑을 입고 있습니다.

세상에서는 자기 이름을 쓰지 못하게 하는 것으로 자기 영광을 나타냅니다만 주님은 반대입니다. 자기 호칭을 쓰게 하는 것으로 영광을 나타내고자 하십니다. 이제 우리가 주님의 영광을 나타낼 차례입니다. 그리스도인의 마땅한 본분입니다.

우리의 신작로

조선시대 임금 중 누가 가장 효성이 지극했는지는 모릅니다. 우선 효종
(孝宗)을 꼽을 수 있습니다. 얼마나 효성이 지극했으면 시호를 '효종'이라고
했을까요? 문종(文宗)도 후보가 될 만합니다. 시호를 정할 때 효성이 지극
했으니 효종으로 하자는 의견도 있었습니다만 학문을 워낙 사랑하는 분
이었으니 문종으로 하자는 의견이 더 우세했습니다. 그래서 문종입니다.

정조도 후보로 손색이 없습니다. 정조는 수시로 아버지 사도세자의 묘
를 참배했습니다. 사도세자의 묘인 현릉원(지금의 융릉)이 수원에 있었습니
다.

정조가 현릉원에 갔을 때의 일입니다. 참배를 마치고 산책을 하다가 소
나무에 송충이가 있는 것을 보고는 노를 발했습니다. "네가 감히 어디 소
나무를 훼손하느냐?"며 생으로 씹어서 삼켰습니다. 송충이가 아버지 묘의
소나무를 상하게 하는 것을 마치 아버지 시신을 훼손하는 것으로 여긴 모
양입니다.

한양에서 수원에 가려면 지금의 과천, 인덕원, 의왕을 지나야 합니다. 한
번은 정조가 현릉원에 가다가 중간에 잠시 쉬게 되었습니다. 조금 떨어진

곳에 잘 치장된 묘가 보였습니다. 누구의 묘인지를 물었는데 신하들이 머뭇거리며 답을 꺼렸습니다. 재차 묻자, 김약로의 무덤이라는 것입니다.

김약로는 사도세자의 죽음에 한몫 담당한 사람입니다. 나중에 좌의정까지 지냈습니다. 그다음부터 정조는 그 길을 지날 때마다 부채로 얼굴을 가리고 고개를 외면했습니다. 김약로의 무덤을 도저히 볼 수가 없었던 것입니다.

그것이 전부가 아닙니다. 아예 그 길로 다니지 않기 위해서 다른 길을 만들게 했습니다. 그렇게 해서 생겨난 길이 지금의 시흥과 안양을 거쳐 수원에 이르는 1번 국도입니다. 그 길을 새로 만든 길이라고 해서 신작로(新作路)라고 불렀습니다. 신작로라는 말이 그때 생겼습니다.

우리한테도 그런 신작로가 필요하지 않을까요? 어쩌면 우리는 세상과 타협하는 것을 아무렇지 않게 여기고 있는지도 모릅니다. 신작로를 만드는 것은 고사하고 부채로 얼굴을 가릴 최소한의 성의도 없는 채 "무덤이 보이는 것을 어떻게 하란 말이냐?"라고 하며, 무덤 주변의 경관을 감상하는 것은 아닌지 모르겠다는 말씀입니다. 혹시 예수님이 지금 세상에 다시 오시면 "내 백성들이 나를 죽게 한 죄를 왜 아직도 이렇게 즐기는지 모르겠다."라고 탄식할 노릇입니다.

우리에게 간절한 소망이 있다면 하나님과 우리 사이에 죄가 범접하지 못하는 신작로가 생기는 일입니다. 그런 신작로가 저절로 생기기야 하겠습니까? 죄 없는 삶, 죄가 끼어들지 못하는 삶, 하나님과 우리 사이를 방해하는 것이 아무것도 없는 삶이 우리가 꾸준히 연습해야 할 삶입니다.

대리만족 유감

안빈낙도(安貧樂道), 참 멋있는 말입니다. 중학교 국어 시간에 이 말을 듣고는 속으로 감동했던 기억이 있습니다. 모름지기 세상은 그렇게 살아야 한다고 생각했습니다.

면앙정가로 유명한 송순이 지은 시조가 있습니다.

십 년을 경영하여 초가삼간 지어내니
나 한 간 달 한 간에 청풍 한 간 맡겨두고
강산은 들일 데 없으니 둘러 두고 보리라

한 가난한 선비가 십 년을 애써서 세 칸짜리 초가집을 짓습니다. 자신과 달과 청풍이 한 칸씩 차지하니 그것이 전부입니다. 강산은 들일 공간이 없으니 별수 없이 둘러 두고 보겠다는 것입니다. 이 세상 욕심에서 벗어난 고고한 선비의 자태가 초가삼간을 매개로 해서 자연과 아름다운 조화를 이룬 듯한 작품입니다.

그런데 송순의 삶은 이 시조 내용과 아무 상관이 없습니다. 송순이 남긴

'분재기(分財記)'가 그것을 보여줍니다. 분재기는 자녀들에게 재산을 남겨준 기록을 말합니다.

송순은 큰딸에게 노비 41명과 전답 153마지기를 남겼습니다. 둘째 며느리에게는 노비 40명과 전답 142마지기, 그리고 유명한 정자인 면앙정과 그 주변의 죽림을 남겼습니다. 이런 식으로 모두 8명의 자녀에게 약 2천 석을 나누어 주었습니다. 나눠준 노비만도 족히 300명은 되지 않았나 싶습니다.

그러면 초가삼간을 얘기한 시조는 어떻게 된 영문입니까? 아마 일종의 대리만족이겠지요. 송순은 자기가 어떤 사람인지 스스로 몰랐습니다. 어쩌면 자기는 안빈낙도를 누리는 사람이라는 착각을 즐겼는지도 모릅니다.

자칫 신앙도 그럴 수 있지 않을까요? 예수를 몸으로 직접 믿는 게 아니라 상상으로만 믿으면서 그 사실을 모를 수도 있을 것 같습니다.

중고등부를 지도하던 전도사 시절, 주일찬양예배 설교를 하게 되었습니다. "제가 우리 교회에서 중고등부를 맡고 있습니다. 혹시 중고등부에 속한 자녀를 두신 분은 제가 여러분 자녀의 신앙을 지도하고 있는 셈입니다. 이 자리를 빌려 한 가지 약속을 드립니다. 제가 여러분 자녀를 지금이라도 북한에서 공산군이 내려와서 따발총 들이대고 '예수 믿을래, 안 믿을래?' 해도 담대하게 믿겠다고 하고 기꺼이 죽음을 택하는 믿음의 용사로 키우겠습니다. 혹시 불만 있는 분, 계십니까?"

계속 말을 이었습니다. "한 가지 더 약속드립니다. 제가 여러분 자녀를 대학은 떨어져도 수련회는 꼭 가는 학생들로 키우겠습니다. 혹시 불만 있는 분, 계십니까?" 그때 예배당 분위기가 어땠을까요?

상상으로야 무엇을 못하겠습니까? 신앙은 대리만족이 아닌데 말입니다. 예수는 마음으로 믿는 게 아니라 몸으로 직접 믿는 것입니다.

반드시 치러야 할 죗값

영조의 딸 화완옹주가 일성위 정치달과 혼인했습니다. 그런데 21살에 과부가 됩니다. 화완옹주가 상심할 것은 당연합니다. 영조는 화완옹주를 궁궐에 들어와 살게 했습니다.

얼마 지나지 않아 영조의 큰사위이자 화순옹주의 남편인 월성위 김한신이 죽습니다. 문제는 그다음입니다. 화순옹주가 남편을 따라 죽겠다고 음식을 끊은 것입니다. 물 한 모금 마시지 않더니 결국 14일 만에 죽습니다.

예조판서 이익정이 열녀문을 세우자고 건의합니다. 사방에서 화순옹주를 칭송하는 얘기가 들립니다. 그러면 영조는 어떻게 해야 합니까? 화순옹주를 인정하려니 화완옹주가 걸립니다. 그렇다고 남편을 따라 죽은 열녀를 모른 척할 수도 없습니다.

이때 영조는 열녀문 건립을 허락하지 않았습니다. 자기가 화순옹주한테 밥을 먹으라고 몇 번이나 권했는데 듣지 않았으니 불효라는 것입니다. 만일 다른 여인이 남편을 따라 죽었으면 어떻게 했을까요? 그런 영조의 결정에 당시 사람들이 승복했는지 의문입니다. 사람은 이런 문제를 명쾌하게 풀 수 없습니다.

하나님은 어떨까요? 하나님은 사랑의 하나님이면서 공의의 하나님입니다. 사랑과 공의를 둘 다 이루어야 합니다. 그래서 그 아들을 십자가에서 죽게 했습니다.

유대인들이 간음 중에 잡힌 여인을 끌고 왔을 때, 예수님은 "너희 중에 죄 없는 자가 먼저 돌로 치라"고 하셨습니다. 그 여인한테 죄가 없다는 얘기가 아닙니다. 죄는 있습니다. 단, 그 죄를 누가 벌하느냐가 문제입니다.

그 말을 들은 유대인들이 다 흩어졌을 때 예수님이 여인한테 말합니다. "나도 너를 정죄하지 아니하노니 가서 다시는 죄를 범하지 말라" 그 여인을 벌할 자격이 있는 분은 예수님뿐입니다. 그런데 벌하지 않겠다고 하셨습니다. 그러면 죄는 어떻게 됩니까?

동네 아이들이 공놀이를 하다가 이웃집 유리창을 깨뜨렸습니다. 아이들은 전부 사색이 되었는데 주인아저씨가 공을 돌려주면서 얘기합니다. "다치지 않았니? 조심해서 놀아라." 그 한마디에 아이들은 살판이 났습니다. 그러면 깨진 유리창은 어떻게 될까요? 결국 "다치지 않았니? 조심해서 놀아라."라는 말에는 "유리창은 내가 알아서 하마."가 포함된 셈입니다. 자기가 알아서 유리창을 갈아 끼울 마음이 없으면 절대 그 말을 못합니다.

"나도 너를 정죄하지 아니하노니 가서 다시는 죄를 범하지 말라"라는 말도 그렇습니다. 예수님은 그 여인을 정죄할 자격이 있는 분입니다. 그런데 정죄하지 않겠다고 했습니다. 그러면 그 여인의 죄는 어떻게 됩니까? 그래서 예수님이 십자가를 지십니다. 결국 그 여인을 정죄하지 않겠다는 말씀에는 "네 죄는 내가 담당하마."가 포함된 셈입니다. 사랑은 사랑대로 실천하고 공의는 공의대로 이루셨습니다. "너 대신 내가 죽으마. 너는 가서 나 대신 살아라."가 "나도 너를 정죄하지 아니하노니 가서 다시는 죄를 범하지 말라"입니다.

몇 년 전, 국회에서 체포동의안 표결이 벌어진 적이 있습니다. 한 의원이 동료 의원을 비호하면서 이렇게 말했습니다. "우리 중에 누가 돌을 던질 수 있겠습니까?"

제가 그 자리에 있었으면 제가 돌을 던질 뻔했습니다. 성경 말씀은 그런 식으로 아무 데나 막 갖다 붙이는 것이 아닙니다. 성경 말씀이 있으면 하나님의 백성의 하나님의 백성 된 모습도 있어야 합니다.

수준과 신분

종로구 구기동, 평창동에서 발원해서 홍제동, 남가좌동, 성산동을 거쳐 한강으로 흐르는 하천이 홍제천입니다. 우리말로 모래내라고 합니다. 홍제천에는 가슴 아픈 일화가 있습니다.

몇 년 전에 〈최종병기 활〉이라는 영화가 있었습니다. 병자호란을 배경으로 하는 영화입니다. 숱한 백성들이 포로로 끌려가는 장면으로 영화가 끝납니다. 그리고 자막이 나옵니다. "이때 포로로 끌려간 백성의 숫자는 무려 60만, 조정에서는 이들의 송환을 위해서 아무런 노력도 기울이지 않았다."

백성들이 포로로 끌려갔는데 국가가 수수방관하는 것은 말이 안 됩니다. 그래도 수단껏 그곳을 도망쳐서 돌아오는 사람들이 있었습니다. 한자어로 환향(還鄕)한 것입니다. 끌려간 사람이 워낙 많으니 환향하는 사람도 한둘이 아니었습니다.

급기야 사회 문제로 대두됩니다. 포로로 끌려가서 죽을 고생을 하다 가까스로 돌아왔는데 갈 곳이 없습니다. 이혼을 허락해 달라는 소송이 한두 건이 아니었습니다. 궁여지책으로 인조가 영을 내립니다. 환향한 여자들은 홍제천에서 몸을 씻으면 깨끗한 것으로 간주한다는 것입니다.

그다음에 어떻게 되었을까요? 그것으로 모든 문제가 해결되었을까요? 어림도 없습니다. 홍제천에서 몸을 씻었다고 해서 달라지는 것은 아무것도 없었습니다. 영을 내린 인조 역시 자기 얘기에 동의하지 않았을 것입니다.

인조한테는 다섯 명의 부인이 있었습니다. 그중 한 명이 청나라에 끌려갔다 왔다고 가정해 보십시오. 그러면 홍제천에서 몸을 씻는 것으로 인조가 그를 예전처럼 대했을까요?

하지만 우리는 그렇지 않습니다. 하나님은 우리를 정말로 죄 없는 것으로 인정하십니다. 실상은 죄가 있지만 없는 셈 치는 것이 아닙니다. 정말로 죄가 없습니다. 예수님이 십자가에서 우리 죗값을 다 치렀습니다. 우리는 죄인이 아니라 의인입니다.

그런데 우리는 아직도 죄인이라고 고백합니다. 신분과 수준이 달라서 그렇습니다. 우리가 의인이라는 것은 신분이 그렇다는 것입니다. 수준은 아직도 죄인입니다. 죄인인 수준은 실감나는데 의인인 신분은 실감나지 않습니다. 그래서 우리 입에는 "나는 의인입니다."보다 "나는 죄인입니다."가 훨씬 익숙합니다.

결국 우리는 우리한테 주어진 나날을 신분과 수준의 격차를 꾸준히 줄여가는 것으로 채워야 합니다. 옛날 출애굽한 이스라엘이 광야를 걸으면 걸을수록 가나안이 가까워졌을 것처럼 우리 역시 그래야 합니다.

우리가 모르면?

국사 시간에 삼국시대를 배운 기억이 있을 것입니다. 삼국시대가 언제부터 언제까지일까요? 삼국시대가 삼국시대일 수 있으려면 고구려, 백제, 신라 세 나라가 같이 존재해야 합니다. 한 나라라도 없으면 안 됩니다.

박혁거세가 신라를 세운 것이 B.C. 57년이라고 합니다. 세 나라 중에 신라가 가장 나중에 생겼으니, 신라가 생기기 전에는 삼국시대가 아닙니다. 또 백제가 망한 것이 A.D. 660년입니다. 백제가 망한 다음도 삼국시대가 아닙니다. 결국 B.C. 57년부터 A.D. 660년까지 700년 조금 넘는 기간이 삼국시대가 되겠네요.

그런데 그렇지 않습니다. 가야나 부여는 어떻게 됩니까? 가야는 A.D. 562년에 신라 진흥왕 때 망했고, 부여는 A.D. 494년에 고구려 문자명왕 때 망했습니다.

삼국시대라고 말하는 대부분의 시대가 실상 오국시대인 셈입니다. 그런데도 삼국시대라고 하는 것은 가야나 부여에 대한 사료가 없기 때문이겠죠. 가야나 부여 사람이 알면 삼국시대라는 용어에 대해서 사용 금지 가처분 신청이라도 할 노릇입니다. 우리가 아는 바 없다고 해서 멀쩡한 사실이 없어지지는 않습니다.

사도행전 15장에 바울과 바나바가 헤어지는 내용이 나옵니다. 바나바는 마가를 데리고 구브로로 가고 바울은 실라와 함께 수리아, 길리기아로 갑니다. 그것으로 바나바는 더 이상 성경에 등장하지 않습니다. 우리가 아는 것은 바울의 행적뿐입니다.

혼자 상상해 봅니다. 설마 바나바는 놀았을까요? 유대인한테 사십에 하나 감한 매를 다섯 번 맞고, 세 번 태장으로 맞고, 한 번 돌로 맞고, 세 번 파선하고, 일주야를 깊은 바다에서 지내고, 강의 위험과 강도의 위험과 동족의 위험과 이방인의 위험을 겪는 일이 바나바에게는 없었을까요? 바울이 빌립보교회, 데살로니가교회, 고린도교회, 에베소교회를 세운 것처럼 바나바도 가는 곳마다 교회를 세웠는데 우리가 모르는 것은 아닐까요?

어차피 우리가 아는 것은 기록으로 전해지는 것뿐입니다. (그나마도 다 모릅니다.) 모르는 것은 이다음에 물어보기로 하고 지금은 아는 것이라도 제대로 챙겨야 합니다. 제가 아는 것은 제가 신자라는 사실입니다. 저한테 기독교가 전해지기까지 어떤 과정을 거쳤는지 일일이 알지는 못하지만 저는 신자로 살아야 하는 사람입니다. 그 사실만큼은 분명히 알고 있습니다.

죽음과 영원

춘추시대 노(魯)나라에 미생(尾生)이라는 사람이 있었습니다. 사랑하는 여자와 다리 아래에서 만나기로 약속하고 기다렸는데 여자는 오지 않고 갑자기 소나기가 내렸습니다. 물이 점점 불어났습니다. 하지만 미생은 끝내 자리를 떠나지 않고 기다리다가 교각을 끌어안고 죽었습니다. 그러면 미생은 어떤 사람입니까? 죽음으로 신의를 지킨 사람입니까, 고지식하고 미련한 사람입니까?

전국시대 종횡가로 이름이 난 소진은 연나라 소왕 앞에서 이 이야기를 예로 들어 자신의 신의를 강조했습니다. 소진 생각에 미생은 세상에서 가장 신의 있는 사람입니다. 장자는 다르게 얘기했습니다. 쓸데없는 명분에 빠져 소중한 목숨을 가벼이 여긴 어리석은 사람이라는 것입니다. 이렇게 평가가 엇걸리는 이유는 '영원'을 모르기 때문입니다.

미생은 약속을 지키기 위해서 죽었습니다. 그다음에 어떻게 되었는지 아무도 모릅니다. 사람들의 관심이 약속이 중요한가, 목숨이 중요한가로 나뉠 수밖에 없습니다. "약속을 위해서 죽음도 불사했으니 과연 신의 있는 사람이다."라고 할 수도 있고, "죽으면 무슨 소용이 있느냐? 일단 살아야 더 중요한 다른 일을 할 것 아니냐?"라고 할 수도 있습니다. 어느 말이 맞는지 생각하기 나름입니다.

만일 미생이 죽음 이후를 책임질 수 있는 분을 위해서 죽었으면 어떻게 될까요? 이 세상에는 정답이 없습니다. 우리 영혼은 영원한데 이 세상은 제한적이기 때문입니다. 이 세상에는 궁극적인 가치가 없습니다.

어떤 사람이 세상에서 실패했다면 그는 행복하지 못할 것입니다. 반대로 세상에서 성공한다고 해서 행복한가 하면 그렇지 않습니다. 세상에서 실패해도 행복하지 못하고 세상에서 성공해도 행복하지 못합니다. 행복은 이 세상 조건을 기준으로 가늠하는 것이 아니기 때문입니다.

우리는 이 세상에서 아무것도 기대하지 않습니다. 세상에 대해서 냉소적이어야 한다는 뜻이 아닙니다. 우리의 영원한 터전이 이 세상이 아니라는 것을 안다는 뜻입니다. 아무나 알 수 있는 사실이 아닙니다. 예수를 주로 고백한 사람들만 압니다. 남은 것은 우리가 아는 내용을 토대로 세상을 살아가는 일입니다. 우리는 영원을 준비하는 사람들입니다.

업적이 있습니까

초등학교 6학년 때 광개토태왕, 장수왕 등의 이름을 들으면서 신기하다는 생각을 했습니다. 이름이 아니라 묘호입니다만 그때는 묘호라는 단어를 몰랐습니다.

광개토태왕은 고구려의 영토를 확장한 왕입니다. 또 장수왕은 97세까지 살았습니다. 이름(묘호)과 행적이 일치한다는 사실이 못내 신기했는데, 나중에 알고 보니 그게 아니었습니다. 왕이 죽은 다음에 생전의 행적을 고려해서 묘호를 정한 것이었습니다.

신라 마지막 왕이 경순왕이고 고려 마지막 왕이 공양왕입니다. 경순왕이나 공양왕의 묘호는 신라나 고려에서 지은 것이 아닙니다. 신라를 이은 고려에서 경순왕이라는 묘호를 지었고, 고려를 이은 조선에서 공양왕의 묘호를 지었습니다. 경순왕(敬順王)은 '공경하는 마음으로 순종한 왕'이라는 뜻이고, 공양왕(恭讓王)은 '공손하게 양위한 왕'이라는 뜻입니다.

또 초등학교 6학년 때 '태정태세문단세 예성연중인명선' 하고, 역대 조선 왕을 외웠던 기억이 있습니다. 태조, 세조, 선조, 인조, 영조, 정조, 순조는 조(祖)를 쓰고 다른 왕들은 종(宗)을 씁니다. 업적이 많은지, 덕이 많은지가 그 기준입니다. 업적이 많으면 '조(祖)', 덕이 많으면 '종(宗)'입니다.

그런데 그 내용이 다분히 유치합니다. 태조는 조선을 개국했으니까 논의의 여지가 없습니다. 세조는 김종서 일파에게 넘어갈 뻔한 왕조를 구한 업적이 있다고 합니다. 선조는 임진왜란을 승리로 이끌어 왕조를 유지시킨 업적이 있다고 합니다. 인조는 광해군의 패륜을 막고 유교 국가의 이념을 지켜 나라를 살린 업적이 있다고 합니다. 순조는 서학의 침투를 막아 왕실을 유지한 업적이 있다고 합니다. 영조와 정조는 고종이 황제가 된 다음에 조상을 높이기 위해서 조(祖)를 붙였습니다.

그러면 종(宗)을 쓰는 왕들에게는 어떤 덕이 있습니까? 구체적인 덕목이 있어서 덕이 있다고 하는 것이 아닙니다. 그냥 덕이 있다 치는 것입니다. 왕을 지낸 사람한테 덕이 없었다고 할 수도 없지 않습니까? 왕으로 존재했다는 사실 자체가 덕인 셈입니다.

우리는 어떻습니까? 훗날 우리 모두는 하나님의 심판대 앞에 설 것입니다. 그때 "너는 하나님의 나라를 위하여 어떤 업적을 남겼고, 네 이웃을 위하여 어떤 덕을 세웠느냐?"라는 질문을 받으면 어떤 답을 할 수 있을까요? "저는 예배 때 빈자리를 채운 업적이 있습니다. 다른 사람이 종교를 물으면 꼭 기독교라고 답했고, 밥 먹기 전에는 기도도 했습니다."라고 답하면 될까요?

진지하게 따져볼 필요가 있습니다. 우리가 예수를 믿는다는 사실이 하나님 나라와 무슨 상관이 있습니까? 우리에게 신앙이 있다는 사실이 우리 이웃과 어떤 관계가 있습니까? 우리가 예수를 믿거나 말거나 하나님 나라와 아무 상관이 없는 것은 아닙니까? 우리에게 신앙이 있거나 없거나 우리 이웃과 아무런 관계도 없지는 않습니까?

몇 년 전의 일입니다. 어떤 청년이 친구 생일에 문자 메시지를 보내면서 "태어나줘서 고맙다."라고 했던 것을 어깨 너머로 본 기억이 있습니다. 생일 축하 인사가 상당히 인상적이었습니다. 우리는 존재 자체가 우리 이웃에게 도움인 인생을 살 수 있어야 합니다. 우리가 하나님께 '예수 믿어줘서 고맙다.'라는 말을 들을 수 있다면, 우리가 들을 수 있는 최고의 칭찬일 것입니다.

유유상종

경남 남해군에 금산이라는 산이 있습니다. 본래 이름은 보광산으로, 기도하는 사람이 많이 모이기로 유명했습니다. 이성계가 조선을 세우기 전의 일입니다. 보광산에서 백일기도를 하면서, 자기 소원이 이루어진다면 보광산 전체에 비단을 두르겠다고 산신령에게 약속을 했습니다. 그리고 훗날 조선을 창업하게 됩니다.

이성계가 고민에 빠집니다. 아무리 왕이라고 해도 산 전체를 휘감을 만큼의 비단을 장만하는 것은 불가능한 일이기 때문입니다. 한 신하가 꾀를 냈습니다. 보광산의 이름을 비단 금(錦)자를 써서 금산으로 바꾸면 산 전체를 비단으로 감싼 것과 마찬가지 아니냐는 것입니다. 그렇게 해서 보광산이 금산이 되었다고 합니다.

이런 잔재주가 하나님께도 통하면 얼마나 좋을까요? 그러면 신앙 때문에 고민할 이유가 없습니다. 크리스천이라는 이름을 갖고 있는 것만으로 충분합니다. 우리가 크리스천으로 불리는 한, 하나님은 우리를 흡족하게 여기셔야 합니다. 우리가 교회에 등록되어 있다는 이유만으로 하나님은 매사에 우리에게 합격 판정을 내리셔야 합니다.

문득 떠오르는 사실이 있습니다. 이스라엘이 남북으로 갈라진 다음의 일입니다. 북 왕국 이스라엘에서 단과 벧엘에 금송아지 우상을 만듭니다. 신을 만들었으니 그다음은 신을 섬길 제사장을 세울 차례입니다. 이때 자격 조건이 수송아지 한 마리와 숫양 일곱 마리였습니다. 수송아지 한 마리와 숫양 일곱 마리를 내면 제사장이 될 수 있었습니다.

개탄할 일이 아닙니다. 어차피 엉터리 신입니다. 엉터리 신에게는 그런 제사장이 어울립니다. 자고로 끼리끼리 노는 법입니다. 엉터리 신을 섬기는데 제대로 구별된 제사장을 세우는 것이 오히려 코미디입니다.

혹시 우리가 섬기는 하나님도 그런 분이면 우리 역시 굳이 구별될 이유가 없습니다. 성결이니 거룩이니 하는 것은 입에 발린 말이고, 그냥 대충 넘어가면 됩니다. 하지만 하나님이 정말 거룩하신 분이면 얘기가 달라집니다. 마땅히 거룩하게 구별된 사람이어야 합니다. 아무나 하나님을 섬길 수 없습니다. 하나님이 정말 하나님이면 우리는 정말 하나님의 백성이어야 합니다.

하루하루를 의인으로

조선시대 간신을 얘기할 때 빠지지 않는 사람이 한명회입니다. 세조가 왕이 되는 데 공을 세웠고 성종의 장인이기도 해서 크게 행세를 했는데, 언관으로부터 무려 160 차례의 탄핵을 받았습니다.

그가 지은 시가 있습니다.

청춘부사직(靑春扶社稷) 백수와강호(白首臥江湖)
젊어서는 사직을 붙들고 늙어서는 강호에 눕는다.

한명회에게는 도무지 어울리지 않는 내용입니다.
김시습이 살짝 고쳤습니다.

청춘망사직(靑春亡社稷) 백수오강호(白首汚江湖)
젊어서는 사직을 망치고 늙어서는 강호를 더럽혔다.

한명회에게는 분명히 자신의 시에서 표현한 마음이 있었을 것입니다. 설마 마음이야 없었겠습니까? 하지만 마음만 있는 것으로는 모자랍니다. 실제로 그렇게 살아야 합니다.

예수를 믿는다는 사람 중에 하나님의 영광을 사모하지 않는 사람은 없습니다. 하지만 저절로 되는 일이 아닙니다. 자기가 직접 그렇게 살아야 합니다. 세상 사람과 똑같이 살면서 머릿속으로만 하나님의 영광을 떠올리는 것은 무효입니다.

민수기에 모압 왕 발락이 술사 발람을 꼬드겨 이스라엘을 저주하려는 내용이 나옵니다. 그때 발람이 "나는 의인의 죽음을 죽기 원하며 나의 종말이 그와 같기를 바라노라(민 23:10b)"라는 말을 했습니다.

발람은 돈에 팔려 발락의 부름에 응한 사람입니다. 그러면서 의인의 죽음을 죽기를 원한다고 했습니다. 의인으로 살지는 않으면서 의인으로 죽기를 바라면, 그 소원은 대체 누가 이루어줄까요?

한명회처럼 살기는 '청춘망사직 백수오강호'로 살면서 시만 '청춘부사직 백수와강호'라고 짓는 것은 무효입니다. 마찬가지입니다. 의인으로 죽기를 원하면 의인으로 살아야 합니다. 발람처럼 자기 포부만 멋있게 밝히는 것은 의미가 없습니다. 실제 그 포부를 이루는 삶을 살아야 합니다.

의인으로 죽는 일은 우리 소관이 아닙니다. 우리가 할 일은 그저 하루하루를 의인으로 사는 일입니다.

신자의 품징

몇 년 전 명동에서 우연히 사촌동생을 만난 적이 있습니다. 서울에서 우연히 아는 사람을 만나는 것은 상당히 드문 일입니다. 고향(제주)에서는 그렇지 않았습니다. 대학생 시절, 방학 때 내려가서 데이트를 하면 아는 사람을 만나지 않고 데이트를 마친 날이 없을 정도였습니다.

간혹 상대방은 저를 안다는데 저는 몰라보는 경우가 있었습니다. 그럴 때마다 괜히 잘난 척하는 것 같아서 참 미안했습니다. 그런데 한번은 제가 중학교 동창을 알아보고는 "야! 너, 참 오랜만이다."라고 했는데 그 동창은 저를 알아보지 못한 적이 있습니다. 내색하지는 않았지만 은근히 자존심 상했습니다. 옆에 애인도 있었는데 말입니다.

하지만 이런 일은 약과입니다. 이다음에 주님이 우리를 알아보지 못하면 어떨까요? 그때는 자존심 상하는 정도로 끝나지 않을 것입니다.

언젠가 조선시대 왕의 가계도를 본 적이 있습니다. 태종은 10명의 부인에게서 29명의 자녀를 두었고, 세종은 6명의 부인에게서 22명의 자녀를 두었고, 성종은 12명의 부인에게서 28명의 자녀를 두었습니다. 물론 본부인은 한 명이고 나머지는 후궁입니다.

그러면 연산군은요? 본부인은 폐비 신씨입니다. 연산군이 반정으로 쫓겨났기 때문에 왕비도 폐비가 되었습니다. 그리고 후궁은 몇 명인지 모릅니다. 연산군은 엽색 행각이 대단했습니다. 채홍사 제도를 둬서 전국의 미녀들을 선발하기도 했습니다. 연산군과 연이 닿은 사람을 다 후궁으로 인정하려니 도무지 헤아릴 수가 없습니다. 그래서 연산군의 자식을 낳은 사람만 후궁으로 인정합니다.

어쩌면 마지막 때에도 비슷한 일이 벌어질지 모릅니다. 이 세상에 예수님을 모르는 사람이 어디 있습니까? 모두가 예수님을 안다고 할 것입니다. 하지만 예수님은 그 사람들을 전부 예수님을 아는 사람으로 인정하지 않을 것입니다. (예수님은 예수님의 이름으로 선지자 노릇하며, 귀신을 쫓아내며, 많은 권능을 행한 사람조차 모른다고 하십니다.)

연산군의 후궁으로 인정받기 위해서도 표징이 필요했습니다. 하물며 우리일까요? 우리한테는 당연히 표징이 있어야 합니다. 말로만 믿는다고 하는 것은 무효입니다. 예수님을 믿어서 무엇이 어떻게 변화되었는지 보여드릴 것이 있어야 합니다. 신앙은 립 서비스로 때울 수 있는 것이 아닙니다.

살아가는 이유

조선시대 왕 중에서 가장 용렬했던 왕이 누구일까요? 저는 선조한테 한 표 던집니다.

임진왜란 발발이 1592년 4월 14일입니다. 그리고 선조가 한양을 버리고 피난한 것이 4월 30일입니다. 부산에 상륙한 왜구가 한양까지 행군만 한 셈입니다. 중간에 제대로 된 전투가 있었으면 그렇게 빨리 한양까지 이를 수 없습니다.

궁궐이 다 불에 탔습니다. 왜군이 불을 지른 것이 아닙니다. 왕이 도망간 것을 안 백성들이 배신감에 불을 질렀습니다. 평양에서는 군중들을 달래느라 피난 가지 않을 것처럼 말을 하고는 몰래 도망했습니다. 심지어는 황제의 나라에서 죽고 싶다며 명나라로 망명할 뜻을 밝혔는데, 명나라 반응이 부정적이어서 포기하기도 했습니다.

전쟁이 끝난 다음의 일입니다. 국왕으로서의 리더십에 큰 상처를 입은 선조의 불편한 심기가 논공행상에 그대로 드러났습니다. 왜병을 무찌른 장수들의 공을 인정하자니 백성과 왕도를 버린 자기 체면이 말이 아닙니다.

그래서 이상한 논리를 내세웠습니다. 명나라 은덕으로 왜군을 물리쳤지,

조선 장졸들이 무엇을 했느냐는 것입니다. 우리는 학교에서 이순신 장군이 제해권을 장악해서 보급로를 끊고, 각지에서 일어난 의병이 왜군을 물리쳤다고 배웠는데 선조 생각은 달랐습니다. 명나라가 왜군을 무찔렀고, 그 명나라에 참전 요청을 한 것은 자신입니다.

하여간 선무공신 18명과 호성공신 86명이 정해졌습니다. 선무공신은 실제로 무공을 세운 공신이고, 호성공신은 임금을 뒤따른 공신입니다.

왕의 말을 관리하는 이마(理馬)라는 직책이 있는데, 호성공신에 6명의 이마가 포함되었습니다. 내시도 24명이었습니다. 칼과 창을 들고 피를 흘리며 싸운 사람보다 피난길에 오른 왕의 잔심부름을 한 사람을 더 우대했습니다.

그나마 선무일등공신은 이순신, 권율, 원균 등 이미 죽은 사람 세 명뿐이었습니다. 살아 있는 사람을 일등공신으로 인정하면 전쟁 영웅이 될 수 있기 때문입니다. 원균은 이등공신으로 상신되었지만 선조가 우겨서 일등공신이 되었습니다. 이순신에게 공이 집중되는 것을 막기 위한 것이겠지요. 그 유명한 홍의장군 곽재우도 공신으로 인정받지 못했습니다. 정문부, 고경명, 김천일, 조헌, 정인홍 등도 다 마찬가지입니다.

가장 억울한 사람은 김덕령입니다. 공신으로 인정받는 것은 고사하고 오히려 반란의 누명을 쓰고 사형당했습니다. 백성들이 그를 신망한 것이 죄라면 죄였습니다.

죽음을 앞두고 김덕령이 항변합니다. "나는 반역을 도모한 적이 없소. 지난 계사년(1593년)에 모친상을 당했으나 삼년상을 치르지 못하고 싸움터에 나간 죄가 있으니 차라리 불효를 했다는 죄목으로 나를 죽이시오."

죽음이라고 해서 다 같은 죽음이 아닙니다. 죽을 때 죽더라도 죽는 이유가 달라야 합니다. 마찬가지입니다. 살아 있다고 해서 다 같은 삶이 아닙니다. 살아가는 이유가 달라야 합니다.

우리가 이 세상을 살아가는 이유가 무엇일까요? 우리의 인생 계획이 이다음에 주님께 보여드릴 수 있는 것입니까? "저의 인생 계획은 이렇습니다"라고 말씀드렸을 때 주님께서 전폭적으로 지원하실 만한 것이 있습니까? 주님께서 자기 인생에 관심을 안 가져주실까 노심초사하는 것은 신앙이 아닙니다. 주님께서 관심을 가질 만한 인생을 사는 것이 신앙입니다.

질문을 바꿔볼까요? 우리의 관심이 어디에 있습니까? 하나님의 전능에 관심이 있습니까, 하나님의 거룩에 관심이 있습니까? 우리는 하나님의 전능을 탐하는 사람이 아닙니다. 하나님의 거룩을 이루는 사람입니다. 하나님께서 거룩하신 분인 것처럼 우리 역시 거룩해져야 합니다. 우리에게 주어진 숙제입니다.

다른 가치관

임사홍은 성종 때는 주목을 못 받다가 연산군 때 중용된 사람입니다. 연산군이 얼마나 총애했는지, 그의 사저에도 드나들었고 (왕이 친히 납시었으니 가문의 영광입니다.) 아들이 죽었을 적에는 애도시를 내리기도 했습니다. 그 시절에는 임사홍을 부러워하는 사람도 많았을 것 같습니다.

하지만 모든 신하가 연산군의 총애를 탐한 것은 아닙니다. 당시 이조참판 성희안이 연산군의 사냥 행차에 동행하게 되었습니다. 주변 경관에 크게 흥이 오른 연산군이 시를 지어보라고 하자, 선뜻 왕의 만행을 풍자한 시를 지어 바쳤습니다. 어떻게 해서든지 연산군의 마음을 돌려놓고 싶었던 것입니다.

그 일로 인해서 성희안은 관직에서 쫓겨나게 됩니다. 신세가 처량하게 되었습니다. 임사홍이 성희안을 이해했을까요? 자기는 왕의 총애를 받으며 부귀영화를 누리는데 왜 그렇게 사서 고생을 하는지 한심하게 보지 않았을까요?

세상은 우리를 이해하지 못합니다. 누군가 월급의 1/10로 동창들한테 술을 사면 전부 칭찬할 것입니다. 화통하다고도 하고, 돈 쓸 줄 안다고도 할 것입니다. 그러면서 우리가 십일조 헌금을 하는 것은 이해하지 못합니다. 돈이 남아도는 것이 아닌데 웬 미친 짓이냐고 할 것입니다.

가치관이 다르면 별수 없습니다. 에서가 야곱을 이해했을까요? 혹시 자기 사냥도구인 활과 팥죽을 바꾸자고 했으면 안 될 말입니다만 장자권이야 무슨 상관입니까? 당장 배가 고프니 야곱의 제안을 받아들이기는 했지만 오히려 야곱이 걱정입니다. 아무짝에도 쓸모없는 장자권이나 탐내고 있으니 그렇게 해서 이 험한 세상을 어떻게 산단 말입니까? 나중에 기회가 되면 진지하게 타이르고 싶지 않았을까요? 제발 현실에 눈 좀 뜨라고요.

누가 보는 현실이 진짜 현실인지 두고 보면 알 노릇입니다. 정말이지, 현실을 모르는 사람이 너무 많습니다.

별수 없는 일

인조 14년(주후 1636년), 청 태종이 12만 군사를 이끌고 조선을 침략했습니다. 인조는 급히 남한산성으로 대피했지만 45일 만에 항복하게 됩니다. 이른바 '삼전도의 굴욕'입니다. 인조가 청 태종한테 세 번 절하고 아홉 번 머리를 조아리는 삼배구고두(三拜九叩頭)의 예를 행했고, 소현세자와 봉림대군을 비롯한 많은 사람들이 인질로 끌려갔습니다.

그것이 전부가 아닙니다. 두 나라가 군신 관계를 맺은 것을 기념하는 비를 세워야 했습니다. 청나라에는 기념비를 세우고도 남을 일이지만 조선은 다릅니다. 오랑캐한테 항복한 것도 기가 막힌데, 오랑캐를 칭송하는 비석을 어떻게 세웁니까? 하지만 별수 없는 노릇입니다. 이렇게 해서 흔히 '삼전도비'라고 하는 대청황제공덕비를 세우게 됩니다.

비문을 지을 후보자로 장유, 이경전, 조희일, 이경석 네 명이 거론되었습니다. 그런 일을 하고 싶어 할 사람은 없습니다. 전부 고사했습니다. 늙고 병들어서 문장을 짓지 못한다고도 했고, 일부러 형편없는 글을 지어 올리기도 했습니다. 그런 우여곡절을 거치면서 대제학이던 이경석이 글을 짓게 되었습니다. 이경석은 글을 배운 것이 천추의 한이라면서 피눈물을 흘렸습니다.

글만 지으면 되는 것이 아닙니다. 그 글을 비석에 옮겨 적어야 합니다. 오준이 그 일을 맡았습니다. 오준은 한석봉의 서체를 익힌 명필로 이름이 높았습니다. 조선에 오는 사신들마다 오준의 글씨를 찾곤 했습니다.

오준의 심정도 이경석의 심정과 다를 바 없었습니다. 비석에 옮겨 적은 다음, 다시는 글을 쓰지 않겠다며 오른손을 돌로 찍어버렸습니다. 자기 행위가 얼마나 저주스러웠으면 그랬을까요?

예수를 모르는 사람한테도 이 정도 기개가 있습니다. 하물며 우리가 그들만 못할 수는 없습니다. 하나님과 관계없는 일을 하는 것이 우리한테는 견딜 수 없는 치욕이라야 합니다. 다른 일은 다 괜찮아도 그런 일만큼은 없어야 합니다.

그런 때문에라도 교회에서 가장 듣기 싫은 말 중의 하나가 별수 없다는 말입니다. 대체 무엇이 별수 없을까요?

물론 별수 없는 일이 있을 수 있습니다. 이경석도 별수 없었고, 오준도 별수 없었습니다. 하지만 살면서 정말로 그렇게 별수 없는 경우가 얼마나 있을까요?

"이런 경우에는 별수 없지 않습니까?", "저도 안 그러려고 했는데 별수 없습니다.", "별수 없죠. 그럼 어떡해요?" 이런 경우에, 별수 없는 것이 어떤 것일까요? 별수 없어서 어떻게 하기로 했다는 얘기입니까?

죄다 "어지간하면 신앙 원칙을 지키려고 했는데 여건이 따라주지 않습니다."라는 말입니다. 신앙을 지키고 싶은 마음은 없지 않지만 사정이 여의치 않아서 그렇게 못한다고 할 때 별수 없다는 말을 씁니다.

별수 없다는 말은 그럴 때 쓰는 말이 아닙니다. 기왕이면 세상에서 잘살고 싶은데 신앙을 지키며 세상에서 잘사는 것이 불가능해서 별수 없이 세상 욕심을 포기할 때 써야 합니다.

별수 없다는 말로 포기하는 것은 언제나 세상이라야지, 신앙이면 안 됩니다. "이런 경우에는 신앙을 지키지 않아도 별수 없다."라는 말은 우리가 할 수 있는 말이 아닙니다. "이런 경우에는 세상에서 손해를 봐도 별수 없다."라고 해야 합니다. "이런 경우에는 세상을 그만 살아도 별수 없다."라고 한 사람을 순교자라고 해서 그 자손까지 칭송합니다. 신앙은 우리한테 언제나 최고의 가치입니다.

다른 마음, 다른 관심

중국 후한시대에 탁군 태수를 지낸 양진은 청백리로 이름이 높았습니다. 주변에서 그에게 살림을 장만하기를 권했습니다. 자손들을 생각해야 할 것 아니냐는 것입니다. 양진이 답을 합니다. "나는 자손들에게 사사로운 재물을 물려주느니 청백리의 자손이라는 이름을 물려주겠소. 그게 더 귀한 것 아니겠소?"

문득 궁금해졌습니다. '양진은 참 양심이 바른 사람인데, 양진의 아들은 아버지를 어떻게 생각했을까?' 양진의 아들이 누구인지도 모르니 그 답을 아는 사람은 없습니다. 단지 저 혼자 생각해본 것입니다.

양진의 아들이 양진의 혈통을 제대로 이어받았으면 아버지가 자랑스러웠을 것입니다. 하지만 재물에 마음이 있는 사람이라면 아버지가 원망스러웠을 것입니다. 아버지는 청백리로 인정받는 것에 마음이 있어서 그렇다 치고, 자기는 뭡니까? 나라에만 충성하면 가족들은 저절로 잘살 수 있습니까?

제가 전혀 엉뚱한 상상을 한 것일 수도 있습니다. 하지만 비슷한 경우는 주변에서 얼마든지 찾을 수 있습니다. 불신자들이 걸핏하면 '예수도 먹고

살 만해야 믿는 것 아니냐?'라고 하는 말이 그렇습니다.

불신자들이 그런 말을 하는 것은 별수 없습니다. 예수를 모르는 사람들에게 무슨 기대를 하겠습니까? 어차피 그렇게 살다가 죽을 것입니다.

하지만 신자에게 그런 생각이 있는 것은 곤란합니다. "하나님은 우리에게 하늘에 속한 모든 신령한 복을 주셨습니다."라는 말을 들으면서도 속으로 "그런 건 나중 얘기니까 일단 가족들 다 건강하게 해주고 돈이나 좀 벌게 해주세요."라고 하는 것은 문제가 있다는 말씀입니다.

신앙의 가치를 공개적으로 부인하지는 않습니다. 그런데 신앙보다 앞세우는 문제가 따로 있습니다. 신앙은 늘 뒷전입니다.

조선시대의 권신을 말하면 한명회를 빼놓을 수 없습니다. 수양대군이 왕이 되는 데 크게 힘을 보탠 공로로 온갖 부귀영화를 다 누린 사람입니다. 그가 한강변에 정자를 짓고는 이름을 압구정(狎鷗亭)이라고 했습니다. 물새들과 더불어 노니는 정자라는 뜻입니다. 자기는 권력을 탐하는 사람이 아니라 자연과 노닐기를 즐기는 사람임을 드러낸 것입니다. 모두 속으로 비웃는 가운데 포의(布衣) 이윤종(李尹宗)이 그를 꼬집는 시를 지었습니다.

유정불귀거(有亭不歸去) 인간진목후(人間眞沐猴)
정자를 지어 놓고 돌아가지 않으니 그 인간 참으로 갓 씌운 원숭이로세

정자를 지어 놓고도 자연과 더불어 시간을 보내지 않는 사람이나, 신앙이 중요하다고 하면서도 다른 일에만 정신이 팔린 사람이나 별반 차이가 없을 것입니다. 입으로는 신령한 복을 말하면서도 세상 욕심에만 마음을 두는 사람이 그런 사람입니다.

돈 많이 벌면 감사하다고 합니다. 자녀 성적이 오르면 감사하다고 합니다. 병이 나으면 감사하다고 합니다. 그런데 정작 신령한 문제에 대해서는 감사가 없으면 정말로 예수를 믿을 마음이 있는 것인지 다시 생각해봐야 합니다.

마가복음 8장 36절

중세 유럽이 이슬람화 될 뻔한 적이 있습니다. 그때 이슬람의 공격으로부터 서방 기독교 국가를 지킨 사람이 칼 마르텔입니다. 칼 마르텔의 아들이 피핀인데, 피핀은 롬바르디아를 정벌해서 그 일부를 당시 교황 스테파누스 3세에게 헌상했습니다. 교황령의 시초입니다.

피핀의 아들이 샤를마뉴입니다. 간혹 샤를마뉴 대제라고도 하는데, '마뉴'가 대제라는 뜻입니다. 라틴어로는 magnus, 영어로는 The Great입니다. 그는 지금의 프랑스, 독일, 이탈리아 북부, 스위스, 오스트리아, 벨기에, 네덜란드, 룩셈부르크를 아우르는 영토를 지배했던 프랑크 왕으로, 교황 레오 3세로부터 로마 황제라는 칭호를 받았습니다. 신성 로마 제국의 터를 닦은 사람입니다.

트럼프에 보면 1부터 10까지의 숫자가 있고, 또 영어 J, Q, K가 있습니다. K는 King을 말하는데 하트 K가 바로 샤를마뉴라고 합니다. 스페이드 K는 다윗, 다이아 K는 카이사르, 클로버 K는 알렉산더입니다. 트럼프가 언제 만들어졌는지는 모르지만 당시 사람들 생각에 다윗, 카이사르, 샤를마뉴, 알렉산더가 가장 위대한 왕이었던 모양입니다.

샤를마뉴는 자신을 왕좌에 앉아 있는 모습 그대로 묻어달라는 유언을 남겼습니다. 머리에는 왕관을 쓰고 한 손에는 황제의 홀을 들고 또 무릎 위에는 책을 펴놓은 채 묻히고 싶었던 것입니다. 그때가 주후 814년이었습니다.

200여 년이 지났습니다. 황제 오델로가 샤를마뉴의 요구가 제대로 시행되었는지 확인할 마음을 먹습니다. 조사단을 파견해서 무덤을 확인하고 보고서를 작성하도록 한 것입니다.

무덤을 개봉하니 모든 것이 샤를마뉴의 유언대로 되어 있었습니다. 비뚤어진 왕관을 쓴 해골이 왕좌에 앉아 있었던 것입니다. 넓적다리 뼈 위에는 샤를마뉴가 얘기한 책이 펼쳐져 있었고, 뼈만 남은 손가락 하나가 어느 한 구절을 가리키고 있었습니다. 바로 마가복음 8장 36절입니다.

사람이 만일 온 천하를 얻고도 자기 목숨을 잃으면 무엇이 유익하리요

이 말씀과 관련하여 떠오르는 영화가 있습니다. 오래전에 개봉되었던 〈공포의 보수〉라는 영화입니다. 노벨이 다이너마이트를 만들기 전에는 니트로글리세린이라는 폭발성 액체를 사용했는데, 사소한 충격만 받아도 폭발하기 때문에 위험하기 짝이 없었습니다. 그것을 운반하는 일은 그야말로 목숨을 건 일이었습니다.

〈공포의 보수〉는 니트로글리세린을 일정 시간 안에 한 장소에서 다른 장소로 운반해 주기로 계약한 운전수들의 스릴 넘치는 이야기를 다룬 영화입니다. 물론 거액의 보수가 약속되어 있었습니다. 니트로글리세린을 운반하는 도중에 다른 사람은 다 사고로 죽고 주인공만 살아남습니다. 천

신만고 끝에 니트로글리세린을 계약 장소까지 운반해 주고는 거액의 사례비를 받았습니다. 그런데 돌아오는 길에 너무도 신이 난 나머지 곡예 운전을 하다 낭떠러지에서 굴러 떨어지고 맙니다.

결국 주인공마저도 목숨을 잃는 것으로 영화가 끝나는데, 마지막 장면이 상당히 강렬합니다. 주인공이 벼랑 아래로 굴러서 피투성이가 된 와중에도 피 묻은 손으로 돈을 움켜쥐었는데, 숨을 거두자 손이 펴지고 돈이 바닥에 떨어지는 것이 마지막 장면이었습니다. "사람이 만일 온 천하를 얻고도 자기 목숨을 잃으면 무엇이 유익하리요"라는 말씀 그대로입니다.

이 영화를 본 사람들이 어떤 생각을 했을까요? '그렇구나. 이 세상에 속한 욕심은 결국 헛된 것이로구나!'라고 생각한 사람은 별로 없을 것입니다. "어휴, 저 바보. 아무리 기분이 좋고 들떠도 그렇지, 왜 그렇게 위험하게 운전을 해? 나 같으면 조심조심 운전해서 안전하게 돌아간 다음에 마음껏 돈을 펑펑 쓰며 살았을 텐데…"라고 생각하지 않았을까요?

사람은 교훈을 받으려 하지 않습니다. 언제나 자기 욕심이 먼저입니다. 대체 언제면 철이 들까요?

우리의 근거

1714년에 영국의 앤 여왕이 자식 없이 죽었습니다. 천생 가까운 혈족 중에서 왕위를 승계해야 했는데, 당시 영국에는 '왕위 계승률'이 있어서 가톨릭 신자는 왕이 될 수 없었습니다. 이렇게 해서 왕이 된 사람이 조지 1세입니다.

조지 1세는 앤 여왕의 할아버지인 제임스 1세의 외증손자로 독일 사람입니다. 독일 사람이 영국 왕가의 혈통을 타고 났다는 이유로, 그리고 가까운 왕가 혈통 중에 가톨릭 신자가 아닌 사람이 없다는 이유로 영국 왕이 되었습니다.

그런데 영어를 못했습니다. 어전 회의를 주재하는 것은 고사하고 신하들과 의사소통도 힘들었습니다. 결국 나라 살림을 국회에 일임했습니다. 이렇게 해서 내각책임제가 시작됩니다. 이때 생긴 원칙이 '왕은 군림하나 통치하지 않는다.'입니다.

그러면 하나님은 어떻습니까? 우리 중에 하나님의 존재를 부인하는 사람은 없습니다. 하지만 하나님의 통치를 받아들이지도 않습니다. '왕은 군림하나 통치하지 않는다. 하나님 또한 그렇다.'라는 것이 우리의 신앙 현실입니다.

우리는 우리 인생의 그 어떤 부분도 하나님께 내드리지 않습니다. 하나님은 하나님이고 우리는 우리입니다. 성경에 보면 어리석은 자는 하나님이 없다고 한다는 말이 나옵니다. 그러면 하나님이 계시다고 하면서 하나님이 없는 것처럼 살아가는 사람들은 어떤 사람들입니까?

버틀런드 러셀은 본래 수학자였습니다. 〈서양 철학사〉라는 책을 집필했는데, 그 책으로 노벨문학상을 수상하기도 했습니다. 수학자이면서 철학자이고 문학가인 셈입니다.

20세기를 대표하는 지식인으로 꼽히는 사람인데, 그 명석한 두뇌로 〈나는 왜 그리스도인이 아닌가?〉라는 책을 썼습니다. 기독교를 조목조목 비판한 것입니다.

누군가 물었습니다. "만일 하나님이 계시면 심판 날에 왜 예수를 믿지 않았느냐고 물을 텐데 뭐라고 하시겠습니까?" 버틀런드 러셀이 자신 있게 답했습니다. "하나님, 근거가 없었습니다. 예수를 믿어야 할 근거가 없는데 어떻게 믿습니까?" 그는 구십 평생을 기독교를 음해하는 데 보냈습니다.

버틀런드 러셀은 예수를 믿어야 할 근거가 없어서 안 믿었다고 했습니다. 혹시 우리에게도 예수를 믿기는 하지만 인생의 주인으로 모시면 안 되는 근거가 있습니까?

그런 근거는 없습니다. 있다면 우리의 불신앙과 게으름이 있을 뿐입니다. 어쩌면 우리는 하나님을 제대로 섬길 기회가 만들어지지 않게 미리 조심하고 있는지도 모릅니다. 괜히 신앙 열심을 부렸다가 세상에서 손해 볼 수 있기 때문입니다.

안다는 것

셀주크 투르크의 압박 아래 있던 동로마제국이 로마 교황 우르반 2세에게 도움을 요청합니다. 우르반 2세는 이것을 동로마교회를 복속시킬 기회로 생각합니다. 이렇게 해서 십자군 운동이 시작됩니다. 주후 1095년 11월의 일입니다.

이때 외친 구호가 "하나님이 원하신다!"였습니다. 이슬람의 지배 아래 있는 예루살렘을 탈환하자는 것입니다. 그 한마디에 지원하는 군사가 사방에서 모여듭니다. 그들은 정말로 하나님이 원하시는 줄 알았습니다. 이렇게 시작된 십자군 전쟁은 1270년이 되어서야 끝났습니다. 무려 175년 동안 지속된 것입니다.

중세 시대에는 자국어로 된 성경이 없었습니다. 성스러운 말씀을 세속적인 언어로 옮기는 것은 불경한 일이라고 해서 성경 번역을 금지시켰습니다. 불가타역이라는 라틴어 성경이 있었을 뿐입니다.

성경 원어는 히브리어와 헬라어입니다. 라틴어 역시 성경 원어가 아닙니다. 그런데 어떻게 해서 라틴어는 세속 언어가 아니라고 했는지 이유는 모르겠습니다. 하여간 당시에는 성경을 읽을 수 있는 사람이 극히 제한적이었습니다.

성경만 그런 것이 아닙니다. 우리의 설교에 해당하는 강론 역시 라틴어로 했습니다. 그런 강론을 누가 알아듣습니까? 사제들이라고 해서 라틴어를 이해한 것이 아닙니다. 교황청에서 내려온 원고를 그냥 읽었습니다. 성경도 못 읽고 설교도 뜬구름 잡는 소리뿐이니 하나님에 대해서 무지할 수밖에 없습니다.

그런 상황에서 교황이 "하나님이 원하신다!"라고 하자, 정말 그런 줄 알았습니다. 그 한마디에 무려 175년 동안이나 중세 유럽이 전쟁의 소용돌이에 휘말렸습니다. 수천, 수만의 사람이 재산과 목숨을 버렸습니다. 하나님의 뜻이라는데 거칠 것이 무엇이 있겠습니까?

우리에게는 하나님의 뜻이 어느 정도의 의미를 가질까요? 하나님의 뜻이라는 이유로 할 수 있는 일이 어떤 일입니까? 혹시 하나님의 뜻이라고 해도 할 수 없는 일이 있지는 않습니까?

중세 시대 교인들은 하나님의 뜻에 대해서 너무 몰랐습니다. 그런 상태에서 순종한다고 하다가 엉뚱한 일에 인생을 내던졌습니다. 우리는 다릅니다. 우리는 그들보다 하나님의 뜻에 대해서 훨씬 많이 압니다. 그런데 그다음이 이상합니다. 그래서 더 잘 순종하느냐 하면, 그렇지는 않기 때문입니다.

그러면 누가 지혜롭고 누가 우매한 것입니까? 여러분이 하나님이면 누구에게 점수를 주시겠습니까? 하나님의 뜻이라고 옆에서 부추기기만 하면 무조건 행동에 옮기는 사람입니까, 아니면 하나님의 뜻인 것을 알면서도 마냥 딴소리를 하는 사람입니까?

복음로 좋지만

고대 그리스의 시칠리아 섬에 시라쿠사라는 나라가 있었습니다. 시라쿠사의 히에론 왕이 순금으로 왕관을 만들었습니다. 그런데 그 왕관에 은이 섞여 있다는 소문이 들렸습니다. 히에론 왕이 아르키메데스에게 왕관을 감정하라는 명을 내렸습니다.

난감한 일이 아닐 수 없습니다. 고민하던 아르키메데스가 하루는 목욕탕에 갔습니다. 탕에 들어가자, 물이 넘쳤습니다. 그것을 본 아르키메데스가 '헤우레카! 헤우레카!'라고 소리 지르며 뛰어나왔습니다. 영어로는 유레카, "나는 알았다"라는 뜻입니다. 아르키메데스의 원리가 탄생한 순간입니다.

그때 아르키메데스는 벌거벗은 채로 헤우레카를 외치며 달렸다고 합니다. 대체 얼마나 흥분했다는 얘기입니까? 왕으로부터 그런 명령을 받지 않은 상태에서 혼자 휴식을 즐기다 아르키메데스의 원리를 발견했으면 그렇게 흥분할 이유가 없습니다.

욕조에 들어갔을 때 물이 넘치면 '아! 지금 넘치는 물의 양이 내 몸의 부피로구나. 참 많이도 넘친다. 살 좀 빼야겠다.' 하고 고개를 끄덕이면 됩니다. 하지만 당시는 그런 상황이 아니었습니다. 자기를 옥죄고 있던 문제가 한순간에 풀린 것입니다.

교회에서 자주 얘기하는 단어 중의 하나가 복음입니다. 헬라시대만 해도 복음은 전쟁 용어였습니다. 전쟁이 벌어지면 젊은 남자들은 전부 전쟁터로 나가고 성에는 노인과 여자, 아이들만 남게 됩니다. 그들의 모든 관심은 전쟁 결과에 집중됩니다.

그러던 중에 저 멀리서 흙먼지를 일으키며 달려오는 사람이 있습니다. 그때 사람들이 얼마나 긴장하겠습니까? 이겼으면 다행입니다만 혹시 졌으면 자기들은 전부 전쟁 노예로 끌려가야 합니다.

성 가까이 달려온 사람이 손을 쳐들며 크게 외칩니다. "우리가 이겼다!" 이것이 복음입니다. 그 소식과 함께 성에서는 축제가 벌어질 것입니다. 전쟁의 공포가 승리의 환희로 바뀌는 것입니다.

이처럼 복음은 상당히 실제적인 문제입니다. 예배당에 앉아서 고개를 끄덕이는 것으로 끝나는 문제가 아니라 '자유인이냐, 노예냐?' 하는 엄청난 현실이 달린 문제입니다.

전쟁에서 이긴 것이 좋은 줄 알려면 전쟁에서 지면 어떻게 되는지를 알아야 합니다. 복음이 진짜 복음이려면 복음이 아니었으면 어떻게 될 뻔했는지가 있어야 합니다.

이런 점에서 이신칭의가 남발되는 것은 참 유감입니다. 믿음으로 의롭다 여김을 받는다고는 하는데, 믿는다는 얘기를 너무 쉽게 합니다. 정말로 믿는 것인지, 믿는다고 말을 하는 것인지 헷갈릴 정도입니다. 믿는다고 말하는 것과 정말로 믿는 것 사이에 상당한 거리가 있는 것 같기도 합니다.

어쩌면 우리한테는 복음이 그리 심각하지 않은 것인지도 모릅니다. 복음이 아니었으면 어떻게 되었을지가 없습니다. 그러니 당장 세상 살아가는 일이 더 심각합니다. 복음도 좋지만 일단 먹고살아야 할 것 아닙니까?

그러면 설마 하나님이 현실을 너무 모르시는 걸까요? 혹시 우리가 현실을 너무 모르는 것은 아닐까요? 우리가 처한 현실이 어떤 것입니까? 일단 먹고살아야 하는 것이 우리 현실입니까, 일단 신앙을 지켜야 하는 것이 우리 현실입니까? 먹고사는 일에 실패하는 것이 큰일입니까, 신앙을 지키는 일에 실패하는 것이 큰일입니까?

낙심하지 맙시다

바울이 갈라디아 교회에 편지를 쓰면서 얘기합니다. "우리가 선을 행하되 낙심하지 말지니 포기하지 아니하면 때가 이르매 거두리라" 아마 선을 행하는 사람이 가장 조심해야 할 함정이 낙심인 모양입니다.

남이 꺼리는 일을 묵묵히 할 때, 가끔 그에 대한 피드백이 돌아오면 상당한 힘이 될 것입니다. 자기가 하는 일에 보람도 느낄 수 있습니다. 하지만 아무도 관심을 안 보이면 맥이 풀립니다.

그 일 때문에 오해라도 받게 되면 더욱 그렇습니다. "내가 나 좋으려고 이런 일 하나? 이럴 바엔 차라리 안 하고 말지."라는 생각이 저절로 듭니다. 그것이 낙심하는 것입니다.

그러니 어떤 일을 하다 낙심이 된다는 말은 자기가 하는 일이 선한 일이라는 뜻입니다. 따라서 낙심은 자기가 하는 일을 관둘 이유가 되는 것이 아니라 오히려 더욱 이를 악물고 열심히 해야 하는 이유가 됩니다. 애초에 선을 행하지 않았으면 낙심할 기회도 없습니다.

임진왜란이 끝났을 때의 일입니다. 선조가 의병들을 노골적으로 무시했습니다. 자기는 백성들 몰래 한양을 버리고 도망갔고, 평양에서는 도망가지 않고 싸우겠다고 해놓고 도망갔으니 의병들을 인정할수록 자기와 대조되기 때문입니다.

그런 선조가 조헌이 왜군을 크게 무찔렀다는 보고를 듣고는 한마디로 평했습니다. "다 자기 이름을 얻기 위한 행위니라." 유명해지고 싶어서 의병을 일으켰고 사람들한테 인정받고 싶어서 왜군을 무찌른 것에 불과하니 크게 개의할 바가 아니라는 것입니다.

조헌이 그 말을 들었으면 어떤 반응을 보였을까요? "에이 쌍! 나 안 해!" 하면 바보 같은 짓입니다. 물론 낙심이야 되겠죠. 자기가 누구한테 충성하고 있는데 그런 말을 듣는단 말입니까? 하지만 낙심되는 마음이 생기거나 말거나 하는 일은 계속하는 것이 잘하는 일입니다.

"콱!" 하고 성질을 한번 부리면 분은 풀릴지 몰라도 그다음부터는 낙심할 기회도 없게 됩니다.

5

마음 속 가득한 생각

미담 2수

1〉

손님이 찾아왔습니다. 25년 전, 같은 교회에서 교사로 봉사했던 분입니다. 그때는 생기발랄한 20대 초반 아가씨였는데 이제는 나이 오십의 아주머니입니다. 유방암으로 수술을 받았다는 얘기는 들어서 알고 있었습니다. 아닌 게 아니라 모자를 쓰고 있었습니다. 같이 점심을 먹고, 커피를 마셨습니다.

보험금으로 4,700만 원을 받았다고 합니다. 그런데 병원비는 실비보험으로 처리했으니 따로 필요가 없어서 여기저기 필요한 곳에 줬다고 하네요. 그러면서 천만 원은 필요한 곳을 찾는 것이 힘들다며 저한테 대리 집행을 부탁했습니다. 마침 생각나는 곳이 있어서 알았다고 했습니다.

대체 어떻게 하면 돈이 필요가 없을까요? 차를 바꾸든지, 집을 늘리든지 해야 하는 것 아닐까요? 아니면 유사시를 대비해서 통장에 넣어둘 수도 있습니다.

문득 부끄러워지는 순간입니다. 저한테 같은 일이 있었다면 저는 4,700만 원을 무엇에 썼을까요? 저보다 더 필요한 사람이 누구인지 주변을 두리

번거렸을까요?

2>

친구한테서 고민을 들었습니다. 교육전도사 시절부터 부목사까지 사역하던 교회에 분란이 생긴 모양입니다. 교회는 풍비박산이 되었고 그 와중에 교인 30여 명이 적당한 교회를 찾지 못해 방황하다가 그들끼리 개척하려고 한다며 자기가 갔으면 싶은데, 그럴 수 있을지 모르겠다고 했습니다.

그 말을 들은 것이 두 달여 전입니다. 사실 흘려들었습니다. 그 친구한테 그것이 얼마나 심각한 고민인지 헤아리지는 못했습니다.

얼마 전에 그 친구를 만났습니다. 당회에 사임 의사를 밝혔더니 교회에 난리가 났다고 합니다. "우리 교회는 누가 와도 흔들리지 않을 만큼 안정된 교회입니다. 하지만 그 교회에는 제가 필요합니다. 금년 연말로 사임하고 그 교회로 가겠습니다."라고 하자, 당회원들이 전부 길길이 날뛰었다고 합니다. 하기야 그런 경우에 "잘 생각하셨습니다. 얼른 그렇게 하시지요." 라고 하면 그게 더 황당한 일입니다.

장로 한 분이 만류하며 말했습니다. "목사님, 생각해 보십시오. 삼천 명 교회를 사임하고 삼십 명 교회에 가는 게 말이 됩니까?" 그 친구는 "숫자가 무슨 상관있습니까? 어디에 가든지 하나님 앞에서 목회만 하면 되는 것 아닙니까?"라고 대답했다고 합니다.

찬양예배 후 집에 가는 교인이 아무도 없었다나요. "목사님, 못 가십니다."라는 제목으로 데모(?)를 한 것입니다. 마침 그날은 그쪽 교인 대표들이 찾아오기로 한 날이었고 엄청난 파장 끝에 결국 사임 의사가 철회되었습니다. 그 분들도 교회 여건을 보고는 그 친구를 청빙하는 것이 순리가 아니라는 판단을 한 모양입니다.

　잠깐 입장을 바꿔보았습니다. 제가 그 친구였다면 어떻게 했을까요? 아마 잠깐 충동만 느꼈을 것 같습니다. 차마 실행하지는 못하고 말입니다. (충동만 느끼는 것은 누구나 다 합니다.) 제가 그 얘기를 했더니 그 친구가 답했습니다. "형님이야 나이가 있잖아. 내 나이에는 가능해."

　글쎄요, 정말로 나이에 따른 것일까요? 주변에서 기독교를 욕하는 소리가 아무리 많아도 절로 고개가 숙여지는 모델이 얼마든지 있습니다. 돈 욕심 없는 교인, 교인 욕심 없는 목사, 참 멋있습니다.

믿음과 순종

산책을 하다가 재미있는 광경을 본 적이 있습니다. 어떤 아주머니가 개를 데리고 나왔는데 개가 제대로 따라오지를 않는 것이었습니다. 개를 돌아보며 얘기합니다. "왜? 힘들어? 엄마가 안아줘?" 그러더니 개를 안고 갑니다.

아이가 걷기 싫다며 보채는 것은 종종 봤습니다만 개가 그렇게 하는 것은 처음 봤습니다. 요즘은 개를 가족처럼 키우는 집이 참 많습니다. 애완견이라는 말 대신 반려견이라는 말이 유행합니다.

어떤 집에서 그렇게 키우던 개가 죽었습니다. 개 장례식도 치렀습니다. 주일이 되었습니다. 예배 후에 목사에게 묻습니다. "목사님, 우리 아롱이 천국 갔겠죠?" 목사가 대답했습니다. "개는 영혼이 없습니다. 죽으면 그만입니다." 그 말에 상처를 받아서 교회를 옮겼다고 합니다.

실제로 있었던 일인지, 누군가 지어낸 이야기인지는 몰라도 그 말을 듣는 순간, 두 가지가 생각났습니다. 하나는 제가 그런 질문을 받으면 뭐라고 대답할까 하는 것인데, 금방 답을 찾았습니다. "아롱이가 살아생전에 자기를 부인하고 자기 십자가를 지고 날마다 예수님을 따랐으면 천국에 갔을 것입니다."라고 대답하는 것입니다. 그러면 뭐라고 할까요? "다행입니다. 천국 갔겠네요."라고 할까요?

하나 더 있습니다. 대체 그 분은 구원을 어떻게 알기에 그런 생각을 하는 것일까요? 예수를 믿으면 구원 얻습니다. 예수를 믿지 않고 구원을 얻는 수는 없습니다. 교회에서 늘 하는 얘기입니다. 그 분도 물론 알고 있을 것입니다.

그러면 예수를 믿는 것이 어떻게 하는 것일까요? 아니, 아롱이가 어떻게 예수를 믿었을까요? (어쨌든 그 분 생각에 아롱이는 천국 갈 자격이 있는 개입니다.) 대체 예수 믿는 문제를 얼마나 시답지 않게 여겼으면 그런 생각을 할까요?

믿음이 무엇인지 간단하게 설명할 수는 없습니다. 천국, 지옥이 결정되는 어마어마한 일을 간단하게 설명하려는 시도 자체가 말이 안 됩니다. 하지만 믿음이 아닌 것은 얘기할 수 있습니다. 일단 마음의 상태는 아닙니다. 예수는 마음으로 믿지 않고 몸으로 믿습니다.

세례 요한의 아버지 사가랴가 벙어리가 된 적이 있습니다. 아내 엘리사벳을 통해서 세례 요한이 태어난다는 소식을 믿지 않았기 때문입니다. 나중에 아이가 태어난 다음, 천사 가브리엘이 전한 말에 순종해서 아이 이름을 요한이라고 짓자 다시 말을 할 수 있게 됩니다.

믿지 않아서 벙어리가 되고 순종해서 말을 할 수 있게 되었습니다. 믿지 않아서 생긴 벌을 치유한 게 순종이니 믿음과 순종이 한 세트인 셈입니다. 어떤 사람한테 믿음이 있으면, 그 믿음은 순종으로 나타나게 마련입니다. 순종으로 나타나지 않는 믿음은 믿음이 아닙니다. 〈야고보서〉에 있는 표현을 빌리면, 행함이 없는 믿음은 죽은 믿음입니다. 행함이 없는 것은 믿음이 어리기 때문이 아니라 믿음이 없기 때문입니다.

아롱이가 주님께 어떻게 순종했는지는 모릅니다. 사실 아롱이가 문제가 아닙니다. 아롱이 주인은 어떻게 하고 있을까요? 그 분 생각에 아롱이는 천국 갈 자격이 있는 개입니다. 아롱이가 정상적인 신자 수준이 되는 셈입니다. 그러면 그 분이 생각하는 신앙생활은 어떤 것일까요? 아롱이만큼만 주님과 관계를 맺고 있으면, 그것이 신앙생활일까요?

기로의 명함

　예전에 KBS2에서 〈태양의 후예〉라는 드라마를 방영한 적이 있습니다. 군인 유시진과 의사 강모연이 주인공입니다. 어느 날 유시진과 강모연이 아랍권의 어떤 VIP의 생명을 구해줍니다. 그 답례로 명함을 선물받습니다. 아랍 세계에서는 무슨 일이든지 다 통하는 명함입니다.

　그런 명함을 받으면 어떻게 쓸지 고민될 것도 같습니다. 딱 한 번밖에 못 쓰기 때문에 최대한 신중하게 써야 합니다. 사소한 일에 쓰면 안 됩니다. 그런데 유시진은 아무 고민 없이 대뜸 그 명함을 사용합니다. 자기들을 기다리고 있는 승용차 기사한테 주면서, 차를 잠깐 빌려달라고 한 것입니다. 강모연과 데이트를 할 셈입니다. 유시진이 강모연을 마음에 두고 있었습니다.

　차에 탄 강모연이 펄쩍 뜁니다. 그 명함을 이용하면 석유 재벌이 되는 것도 시간문제인데 고작 교통카드로 쓰느냐는 것입니다. 차를 타고 가는 내내 타박합니다. 강모연이 보기에 유시진은 야심도 없고 포부도 없는 고리타분한 남자였습니다.

　그 명함을 어떻게 쓰는 게 옳았을까요? 드라마를 보면서 유시진이 명함을 무의미하게 쓴다고 생각한 사람은 아무도 없었을 것입니다. 전부 멋있게 쓴다고 생각했을 것입니다.

그러면 우리가 기도는 어떻게 하고 있을까요? 우리는 하나님께 어떤 것을 구해야 할까요? 드라마를 보면서는 유시진을 멋있게 생각하면서 정작 기도는 자기 욕심 따라 한다면 이율배반 아닌가요?

제가 이 얘기를 했더니 누군가 그랬습니다. "드라마는 대리 만족을 위한 것이고, 현실은 다르잖아요?"

성경도 그럴까요? 성경은 대리 만족을 위한 것이고 현실은 다릅니까? 성경을 읽으면서는 마치 자기가 그대로 행하는 것 같은 착각을 즐기고, 실제 세상을 살면서는 자기 욕심대로 살면 그만인가요?

현대판 과부의 두 렙돈

　교회로 찾아 와서 도와달라는 분들이 계십니다. 한동안 천 원씩 드리다가 모든 물가가 오르는 걸 감안해서 이천 원씩 드렸습니다. 그런데 언젠가부터 어르신은 줄어들고 젊은 사람이 부쩍 늘었습니다. 그래서 노동 능력이 있어 보이면 천 원, 없어 보이면 삼천 원으로 바꿨습니다.

　매주 오시는 분 중에 어떤 아주머니가 있습니다. 항상 수요일에 오십니다. 어제 오후에도 다녀가셨습니다. 연세는 60이 좀 넘으셨을까요? 그 아주머니께서 예배에 참석했습니다. 예배에 참석하신 것은 그럴 수 있는 일이라고 하겠는데, 가시면서 저한테 헌금 봉투를 내밀었습니다.

　한순간 당혹스러웠습니다. 가신 다음 확인해보니 빳빳한 신권으로 23,000원입니다. 신권이 어디에서 났을까요? 아니, 그보다도 교회마다 돌아다니며 도움을 구하는 분이라면 생계비에 보태는 게 급할 텐데, 헌금이라니요?

　생활비 전부인 두 렙돈 헌금한 과부를 모르는 것은 아니지만 어안이 벙벙한 것도 사실입니다. 23,000원이면 우리 교회를 두 달은 다녀가셔야 얻을 수 있는 거금인데 말입니다.

돌려드리고 싶지만 저한테 주신 게 아니라 하나님께 헌금을 하신 것이니 그럴 수도 없고, 참 난감합니다. 생활비 전부를 헌금하는 얘기가 성경에만 나오는 것이 아닌가 봅니다.

고작 변소간이나 바꾸다가

언젠가 읽은 책에 재미있는 내용이 있었습니다. 셋방살이로 살림을 시작한 신혼부부가 있습니다. 안 먹고, 안 입고, 안 쓰면서 돈을 모았습니다. 몇 년을 노력해서 드디어 집을 장만했습니다. 처음 사는 집이라 돈이 모자라서 화장실이 밖에 있는 집을 샀습니다.

요즘과 달리 예전에는 그런 집이 많았습니다. 그래도 아무 불만이 없었습니다. 집이 생겼다는 사실만으로 충분히 만족했습니다.

그러다 친구가 아파트에 입주해서 집들이를 한다기에 갔더니 화장실이 실내에 있는 것입니다. 화장실이 집 안에 있는 것과 집 밖에 있는 것은 비교가 안 됩니다. 부러운 생각이 들었습니다. "맞아! 화장실은 집 안에 있어야 해. 밖에 있으니까 여간 불편한 게 아냐." 그래서 더 안 입고, 더 안 먹고, 더 안 쓰면서 허리띠를 졸라매었습니다. 드디어 아파트를 분양받았습니다.

얼마나 좋았는지 모릅니다. 추운데 화장실에 가느라 밖에 나가지 않아도 되고, 샤워도 마음대로 할 수 있습니다.

몇 년이 더 지났습니다. 친구가 이사했다면서 오라고 하기에 찾아갔더니 화장실이 두 개 있는 것입니다. 그걸 보자, 정신이 번쩍 들었습니다. "맞아, 화장실은 두 개라야 해. 아침마다 화장실 때문에 온통 야단이니 두 개는 되어야지!"

또 안 먹고, 안 입고, 안 쓰면서 돈을 모았습니다. 결국 화장실이 두 개 있는 집을 샀습니다. 그러고는 몇 년 더 살다가 죽었습니다.

그러면 그 사람은 무엇을 위하여 살다 죽은 사람입니까? 평생 변소간 바꾸다 죽은 사람입니다. 묘비명도 그렇게 쓰면 될 것입니다. "한평생 있는 힘을 다하여 변소간 바꾸던 사람 여기 잠들다!" 아닌 게 아니라 공동묘지에 가면 대부분 그런 묘들일 것입니다.

이런 사실을 감안하면 세상에서 가장 불쌍하게 예수 믿는 사람이 기복신앙에 빠진 사람입니다. 어떤 사람이 고3이 되었습니다. 대학 진학을 위해서 열심히 기도했고, 원하는 대학에 진학했습니다. 대학만 가면 그것이 전부인 줄 알았는데 취직하는 것은 더 큰 문제였습니다. 취업 문제를 놓고 또 열심히 기도했고, 취업도 했습니다. 결혼 문제를 놓고 또 열심히 기도했고, 결혼도 했습니다. 결혼한 지 5년이 되도록 애가 생기지 않자, 아이를 위해서 간절히 기도했습니다. 하나님이 아이를 주셨습니다. 아파트를 분양받기 위해서 또 열심히 기도했고, 아파트도 분양받았습니다. 애가 커서 학교에 가니까 또 기도할 일이 한두 가지가 아니었습니다. 아이 뒷바라지 하느라 열심히 기도했습니다. 나이가 드니까 신경통, 관절염, 디스크 등 여기저기 아프기 시작했습니다. 그때마다 기도했습니다. 그리고 죽었습니다.

이 사람이 평생 기도에 힘쓴 사람이 맞을까요? 자기 딴에는 평생 기도를 했는지 모르겠습니다만 그 모든 기도가 무엇을 위한 것이었습니까? 하나님의 나라와는 아무런 상관없이 죄다 자기 욕심을 위한 기도였습니다.

대체 예수를 믿는 사람과 예수를 믿지 않는 사람의 차이가 무엇입니까? 예수를 믿지 않는 사람은 자기가 노력해서 변소간을 바꾸고, 예수 믿는 사람은 열심히 기도해서 변소간을 바꾸는 것입니까? 모름지기 예수를 믿는다면 하나님의 나라를 위하여 쓸모 있는 인생을 살아야 합니다.

혹시 하나님이 그만 살고 오라고 부르시면, 안 된다고 말할 명분이 우리에게 있습니까? "안 됩니다. 아직 결혼도 못했습니다.", "제가 없으면 당장 저의 애는 어떻게 합니까?" 이런 이유는 누구에게나 있는 개인 사정에 불과합니다. 그런 이유 말고 하나님을 위해서 이 땅에 더 살아야 할 진짜 이유가 있느냐는 말입니다.

우리는 고작 변소간이나 바꾸는 것으로 끝나는 시시한 인생을 살아도 되는 사람들이 아닙니다. 하나님의 나라를 위해서 보다 고급한 인생을 살도록 선택된 사람들입니다.

어쩌면 지금까지는 자신을 위하여 살았는지 모릅니다. 지금까지는 돈을 위하여 살았고, 세상을 위하여 살았을 수 있습니다. 하지만 지금부터는 하나님의 복음, 십자가의 복음, 그리스도의 피 묻은 복음을 위하여 살아야 합니다. 우리가 가는 곳마다 복음이 선포되어야 하고, 우리가 있는 곳에서 죽은 영혼이 살아나는 일이 일어나야 합니다. 우리 모두는 바로 그런 일을 위하여 선택받았습니다.

듣기 거북한 말

1〉"성경은 잠 안 올 때 읽으면 좋은 책이다."

예수님이 말씀하시자, 나사로가 살아났습니다. 죽은 사람도 살리는 것
이 말씀인데 성경만 펴면 멀쩡하다가도 잠이 온다는 게 무슨 영문일까요?

물론 그럴 수 있습니다. 현실이 그런 것을 어떻게 합니까? 그러면 행여
들킬세라 주변 눈치를 살피며 입 다물고 가만히 있어야 하는 것 아닐까요?

초등학교 4학년인데 구구단을 못 외울 수 있습니다. 그런 경우, 절대 그
사실을 자기 입으로 떠벌리지 않습니다. 그런데 성경은 잠 안 올 때 읽으면
좋은 책이라는 말을 태연히 하는 것은 자기만 그런 것이 아니기 때문입니
다. 그런 말을 하면 듣는 사람마다 다 동조할 것이라는 확신이 있기 때문
입니다.

2〉"성경을 매일 석 장, 주일에 다섯 장씩 읽으면 일 년에 일독할 수 있
다."

성경이 얼마나 재미없으면 그렇게 억지로 읽을까요? 〈삼국지연의〉나 〈태백산맥〉을 그렇게 읽는 사람이 있을까요?

제가 쓴 책이 몇 권 있습니다. 누군가 얘기합니다. "제가 목사님 책을 하루에 세 페이지씩 계획 세워서 1년 만에 다 읽었어요." 그 얘기를 제가 뿌듯하게 생각할까요? 어림도 없습니다. 상당한 모욕으로 들을 것입니다. 제 책이 얼마나 엉망이면 그렇게 인내하면서 읽었다는 말입니까?

그러고 보니 "목사님 책은 잠 안 올 때 읽으면 딱 좋습니다."라는 말도 마찬가지네요. 행여 농담으로라도 그런 말을 하는 사람이 있으면 상대하기 싫을 것 같습니다.

3〉 "그때 땅 좀 사뒀어야 했는데…"

특정 지역이 개발된 얘기를 할 때마다 으레 나오는 말입니다. 하지만 지금까지 "그때 봉사를 더 열심히 했어야 했는데", "그때 성경 좀 읽어뒀어야 했는데"라는 얘기는 들어본 적이 없습니다. 한술 더 떠서 "우리 아버지는 그때 땅 좀 안 사두고 뭐 했는지 몰라."라는 말도 들어보았습니다. 물론 "우리 아버지는 왜 신앙을 제대로 안 가르치셨는지 몰라."라는 말은 한 번도 못 들어보았습니다. 돈에 대한 목마름, 세상에 대한 갈증은 늘 있는데 신앙에 대한 목마름, 거룩에 대한 갈증은 없는 탓이겠지요.

"진작 신앙생활 잘할걸"이라는 후회도 참 안쓰럽습니다만 "진작 땅 좀 사둘걸"이라는 후회는 적어도 교회 안에서는 들리지 않았으면 좋겠습니다.

시대가 변해도

결혼을 약속한 상태에서 여자가 임신을 하자, 목사가 주례를 거부한 사례를 알고 있습니다. 혼전 임신이 주례 거부 사유가 되느냐, 안 되느냐의 얘기가 아닙니다. 하나님께서 싫어하시는 일을 하면 안 된다는 인식이 있느냐에 대한 얘기입니다.

예전에는 교회에 책벌이 있었습니다. 요즘 그 얘기를 하면 다 웃을 것입니다. 교회를 안 다니고 말지, 누가 책벌까지 받아가면서 교회에 다닙니까?

그 정도가 아닙니다. 백화점에 다니던 버릇 때문인지 교회에서 고객 대접을 기대하는 교인도 있다고 합니다. 성경을 제대로 풀어 주는 설교보다 짧은 설교를 더 좋아하고, 은혜가 있는 예배보다 제시간에 끝나는 예배를 더 좋아하고, 신앙을 제대로 훈련시켜 주는 교회보다 부담 주지 않는 교회를 더 좋아합니다. 교회 나가 주고, 예배 드려 주고, 예수 믿어 주고, 헌금을 드려 줍니다. 이제는 교회에 와서 앉아 주기만 하면 고마워해야 하는 시대가 되었습니다.

비단 신앙만이 아닙니다. 요즘은 단어 사용도 엉망이라는 느낌이 종종 듭니다. 사람들이 자주 틀리는 대표적인 단어가 '같다'입니다. 우리말에

'맛있는 것 같다' '예쁜 것 같다'라는 표현이 있습니까? '같다'는 추측이나 불확실을 나타내기 때문에 그렇게 쓰면 안 됩니다. 다른 사람이 먹는 것을 보면서 '맛있게 먹는 것 같다'고 할 수는 있습니다. 하지만 자기가 먹었으면 '맛있다'라고 해야 합니다.

전에 TV 리포터가 '다르다'라고 말해야 할 것을 '틀리다'라고 하는 것을 보고 타박했던 적이 있습니다. "뭐야? 무슨 리포터가 저 모양이야?" 그랬더니 옆에서 아내가 말했습니다. "그만해요. 언어 현실이에요. 당신이 너무 민감한 거예요."

아닌 게 아니라 언어는 변하게 마련입니다. 지난 1933년에 제정된 한글 맞춤법통일안도 언중의 요구에 따라 계속 수정되고 있습니다. 제가 지적하는 용례도 세월이 지나면 맞는 표현이 되어서 국어사전에 등재되는 날이 올 수 있습니다.

언어 현실은 그렇다치고, 신앙 현실은 어떻게 해야 할까요? 그것도 세월이 변해서 그런 것으로 알고 넘어가야 할까요? "예전에는 하나님 은혜에서 멀어지는 것을 두려워해야 했다. 하지만 지금은 세상을 더 무서워해야 한다. 하나님도 다 이해하신다."라고 해야 합니까?

실제로 우리 중에 그렇게 알고 있는 사람은 없습니다. 그렇게 사는 것이 문제입니다. 성경이 시대에 안 맞으면 성경을 고쳐야 하고, 우리가 신앙 원칙에 안 맞으면 우리를 고쳐야 합니다. 성경을 고치든지, 우리를 고치든지 둘 중의 한쪽을 고칩시다. 아무것도 안 고치고 대충 넘어가는 일은 절대 없어야 합니다. 성경 따로, 우리 따로 살아가는 것은 지금까지로 족합니다. 우리가 두려워해야 할 유일한 한 가지는 세상에서 멀어지는 것이 아니라 하나님의 은혜에서 멀어지는 것입니다.

주관적인 느낌, 객관적인 사실

벌은 군집생활을 합니다. 벌마다 맡은 역할이 있습니다. 모든 벌이 다 꿀을 찾아다니는 것이 아니라 정찰을 맡은 벌이 따로 있습니다. 꿀이 있는 곳을 발견하면 동료들에게 나름대로의 커뮤니케이션 수단으로 그 위치를 알려줍니다. 벌집을 기준으로 꿀이 있는 위치에 따라 비행하는 모습이 달라집니다.

재미있는 연구 결과가 있습니다. 정찰 역할을 맡은 벌의 등에 조그만 추를 올려놓았더니 다른 벌들이 꿀이 있는 곳보다 더 멀리 가더라는 것입니다. 등에 추가 있으면 꿀이 있는 곳을 다녀오는데 더 많은 에너지를 소모하게 됩니다. 자기가 다녀오는데 힘들었다는 이유로 꿀이 실제보다 더 멀리 있는 것으로 안 것입니다.

자기가 힘들다고 해서 객관적인 거리가 멀어지는 법은 없습니다. 하지만 벌이 그런 사실을 알 까닭이 없습니다. 자기가 느낀 대로 정보를 전달할 뿐입니다.

우리는 주관적인 느낌이 아니라 객관적인 사실을 기준으로 판단하는 법을 연습해야 합니다. 신앙의 가치는 우리가 정하는 것이 아니라 하나님이 정하십니다. 우리에게 절실하다고 해서 하나님께도 절실하다는 법은 없습니다.

대부분의 사람들이 교회에서 기대하는 것은 '심리적인 안정'과 '주술적인 효과'입니다. 그러면 하나님도 그런 것을 예비하셨을까요?

플라세보 효과라는 것이 있습니다. 약효가 없는 약이라도 환자가 진짜 약인 줄 알고 먹으면 치료 효과가 나타나는 현상을 말합니다. 이 플라세보 효과는 필요에 의해서 개발되었습니다. 2차 대전 때 부상병은 넘치는데 치료약이 부족하자 궁여지책으로 사용된 방법입니다.

만일 하나님이 계시지 않은데 계시다 치고 믿는다면 '심리적인 안정'이나 '주술적인 효과'도 신앙의 한 효용일 수 있습니다. 하지만 하나님이 정말로 계시다면 생각을 달리해야 합니다. 그 하나님이 어떤 분인지, 하나님과 나는 어떤 사이인지, 하나님께 나는 누구인지를 점검해야 합니다. '심리적인 안정'이나 '주술적인 효과'가 문제가 아니라 하나님께서 무엇을 원하시는지가 문제입니다. "자기가 어떻게 생각하느냐?"보다 "객관적인 사실이 무엇이냐?"가 더 중요합니다. 자기한테 중요한 것이 중요한 것이 아닙니다. 하나님께서 중요하다고 하는 것이 중요한 것입니다.

한 생명의 가치

예수님이 우리를 구속했습니다. 구속은 상거래 용어인데, 노예의 값을 치르고 소유권을 넘겨받는 것을 말합니다. 노예를 구속한 사람은 당연히 그 노예의 주인이 됩니다. 구속받은 노예는 자기를 구속한 사람을 주인으로 섬겨야 합니다.

그런데 우리는 예수님이 우리를 구속했다고 하면서도 예수님을 주인으로 섬기지는 않습니다. "예수님, 저를 구원해 주셔서 감사합니다. 하지만 제 인생은 제가 알아서 살겠습니다. 필요할 때 부를 테니까 그때 잠깐 와서 도와주시면 그것으로 족합니다."라고 하면 예수님이 뭐라고 하실까요?

우리의 신분을 바로 알기 위해서 '주님' 대신 '주인님'이라는 호칭을 쓰면 어떨까 하는 생각을 한 적이 있습니다. 말로만 '주님' '주님' 하면서 주님을 주님으로 모시는 사람이 도무지 없기 때문입니다. 주님 뜻보다 자기 뜻이 더 중요한 사람이 한둘이 아닙니다.

예전에 〈라이언 일병 구하기〉라는 영화가 있었습니다. 내용 전체에 흐르는 질문은 "한 사람의 생명이 도대체 얼마나 귀중한 것일까?"입니다. 구조대원이 한 사람씩 죽어갈 때마다 그 질문은 더욱 집요해집니다.

영화는 이렇게 끝납니다. 그로부터 50년이 지나고 라이언 일병이 자신을 구해준 사람들의 무덤을 찾습니다. 말 그대로 자기를 위해 대신 죽은 사람들입니다. 묘비를 바라보며 말합니다. "저는 최선을 다해서 살았습니다. 여러분이 바친 희생 앞에 제가 부끄럽지 않았으면 좋겠습니다."

하지만 자신이 없어 보입니다. 심란한 표정으로 아내를 돌아보며 간청합니다. "내가 잘 살아왔다고 말해 줘요. 내가 좋은 사람이라고 말해 줘요." 아내가 말합니다. "당신은 좋은 사람이에요."

그러나 그 얘기에는 아무런 설득력이 없습니다. 라이언 일병은 자기가 아무리 좋은 사람이 되고 아무리 위대한 업적을 남긴다고 해도, 그것으로 생명의 빚을 갚을 수는 없다는 사실을 알고 있기 때문입니다.

자기 대신 죽은 사람의 무덤 앞에서 당당할 수는 없습니다. 생명의 빚을 무슨 수로 갚습니까? 그 빚은 갚을 수 있는 빚이 아닙니다. 갚을 수 없음을 겸손하게 인정해야 합니다. 그저 감사한 마음으로 최선을 다해서 살아갈 뿐입니다.

한 사람의 생명이 얼마나 가치가 있는지 영화에서는 답을 주지 않습니다만 성경에는 답이 있습니다. 한 사람의 생명은 하나님의 아들이 대신 목숨을 바칠 만큼 가치가 있습니다.

우리가 그런 은혜를 입고 있습니다. 그 사실을 안다면 하나님 앞에서 더 겸손해야 합니다. 최선을 다하여 하나님께 순종하면서 살아가는 것이 우리의 남은 일입니다. 하나님을 자기 인생의 주인으로 모시는 것이 신앙의 시작입니다.

알면 알수록

염상섭이 쓴 〈표본실의 청개구리〉라는 작품이 있습니다. 염상섭은 자연주의를 표방하는 작가입니다. 청개구리를 해부하는 장면에서, 청개구리의 배를 째니 김이 모락모락 나왔다고 했습니다. 사람들은 그 대목을 리얼리즘의 대표적인 묘사로 칭송했습니다. 나중에 이어령 씨가 꼬집습니다. 청개구리는 냉혈동물인데 어떻게 김이 나느냐는 것입니다.

이효석이 쓴 〈메밀꽃 필 무렵〉도 마찬가지입니다. 마지막 부분에 동이의 왼손에 채찍이 들려 있었다는 내용이 나옵니다. 왼손잡이인 허생원은 역시 왼손잡이인 동이를 보고 자기 아들이라고 확신합니다. 많은 독자들이 그 부분에서 무릎을 치면서 감동했을 것입니다. 하지만 왼손잡이는 유전되지 않습니다. 그 사실을 아는 순간, 감동은 사그라지고 맙니다.

세상에서는 제대로 아는 것보다 대충 알고 넘어가는 것이 편한 경우가 왕왕 있습니다. 오죽하면 "알면 병, 모르는 게 약"이라는 말이 있을 정도입니다. 사람이 하는 일은 그만큼 어설픕니다.

신앙 영역에서는 그런 말이 통하지 않습니다. 하나님에 대해서는 알면 알수록 감동하게 됩니다. 우리에게 감동이 없는 것은 하나님을 제대로 알지 못하는 탓입니다. 할 수만 있으면 더 알아야 합니다.

　사람들의 소원은 고작해야 로또 당첨되는 것, 진급하는 것, 원하는 대학에 진학하는 것, 병이 낫는 것, 마음에 드는 사람과 혼인하는 것 등입니다. 하지만 하나님은 우리에게 그 정도를 허락하시는 것으로 만족하지 않으십니다. 하나님이 우리에게 주시기를 원하는 것은 우리가 감히 구하지 못하는 것들입니다.

　아무리 얼굴에 철판을 깔아도 "하나님, 제가 여태까지 범한 모든 죄를 위해서 대신 사형 집행을 당해주시면 안 될까요?"라고 할 수 없습니다. "저를 용서해주신 다음에 저를 영원한 집에 초대해주시면 안 될까요?", "이왕이면 제 안에 거하면서 저를 보호하시고 늘 저를 위하여 기도해주시면 안 될까요?"라는 부탁도 드릴 수 없습니다. 하물며 "하나님, 이다음에 저를 예수님과 동등하게 대해주세요."라고 하는 것은 말이 안 됩니다.

　하나님이 우리한테 그런 은혜를 주십니다. 그런 하나님을 얼마나 아느냐 하는 것이 우리의 신앙 실력입니다. 알면 아는 만큼 유익합니다.

부끄러움과 두려움

제가 이해하지 못하는 사실이 있습니다. 교회에 다니면서도 성경을 모르는 것을 부끄러워하지 않는다는 사실입니다. "전 성경은 잘 몰라요."라는 말을 아무렇지 않게 합니다. 자기 애가 엉망인 성적표를 내보이면서 "내가 수학은 잘 모르잖아요."라고 하면 어떤 반응을 보일지 궁금합니다.

살고 있는 집이 좁은 것은 창피하다고 하면서 성경을 모르는 것은 아무렇지 않은 것이 무슨 경우일까요? 학생 때는 자기보다 공부를 못했는데 남편 잘 만나서 좋은 차 타고 다니는 동창을 보면 자존심이 상한다는 말을 들은 적이 있습니다. 그러면 자기보다 교회에 늦게 다닌 사람이 자기보다 신앙이 더 좋은 것을 보면 어때야 할까요?

예전에 〈베테랑〉이라는 영화가 있었습니다. 돈의 위력을 마음껏 뽐내는 재벌 3세 조태오와 묵묵히 할일을 하는 형사 서도철이 나옵니다. 서도철이 재벌 3세인 조태오의 혐의를 집요하게 추적하자, 조태오 측근이 서도철의 아내를 찾아가서 5만 원짜리 다발이 가득 든 명품 가방을 내밉니다. 그런데 그 남편에 그 아내인 듯 면박만 받습니다.

아내가 서도철을 찾아와서 언성을 높입니다. 결혼할 때 자기한테 뭐라고 했느냐, 돈은 없어도 쪽팔리게 살지는 않게 해주겠다고 하지 않았느냐고 하면서 왜 그런 사람이 자기를 찾아와서 쪽팔리게 하느냐고 따집니다. 그리고 한마디를 보탭니다. "내가 언제 제일 쪽팔렸는지 알아? 명품 가방에 돈다발 보니까 나도 마음이 흔들리더라. 그게 제일 쪽팔려!"

어떤 일로 쪽팔려 하는지 사람마다 다른 모양입니다. 왜 자기에게 명품 가방 하나 없는지를 쪽팔려 할 수도 있고, 그런 가방 때문에 마음이 흔들리는 것을 쪽팔려 할 수도 있습니다.

어쩌면 우리에게는 아파트 평수나 자녀 성적이 가장 민감한 문제가 될 것 같습니다. 남보다 작은 집에 사는 것, 자녀가 일류 대학에 못 들어간 것을 창피하게 생각하는 사람이 얼마든지 있습니다. 전부 다 그 사람이 어떤 것을 중요하게 생각하는지를 보여줍니다.

두려워하는 것도 마찬가지입니다. 어떤 것을 두려워하는지를 보면 그 사람이 어떤 사람인지 알 수 있습니다. 에이든 토저 목사는 성장하지 않는 난쟁이 크리스천으로 평생 지내다 죽는 것이 가장 두렵다고 했습니다.

자기가 신앙을 떠나게 되는 상황이 두렵다고 한 것이 아닙니다. 행여 신앙이 자라지 않고 정체될까봐 두렵다고 했습니다. 그가 바라는 유일한 소망은 신앙이 계속 자라는 것이었습니다.

내 행동이 나를 말해줘

교회에서 흔히 "나는 죽고 예수만 살아야 한다."라는 말을 합니다. 전에 어떤 분이 자기는 죽고 예수만 살려면 어떻게 하면 하는지를 물었습니다. 제가 답했습니다. "나는 죽고 예수만 사는 사람처럼 행동하세요."

당연한 얘기입니다. 노숙자가 되고 싶은 사람은 노숙자처럼 행동하면 되고, 공처가가 되고 싶은 사람은 공처가처럼 행동하면 되고, 신앙이 좋아지고 싶은 사람은 신앙이 좋은 사람처럼 행동하면 됩니다. 하나님의 영광을 사모하는 것도 마찬가지입니다. 하나님의 영광을 사모하는 사람처럼 행동하면 됩니다.

예전에 본 〈스파이더맨〉 영화의 한 장면이 기억납니다. 스파이더맨은 스파이더맨으로 변하면 초인인데, 그렇지 않으면 평범한 대학생 피터 파커입니다. 피터 파커에게는 좋아하는 여학생이 있습니다. 메리 제인입니다.

한번은 피터 파커가 있는 자리에서 불량배들이 행패를 부렸습니다. 모르는 사람이 보면 오해할 만한 상황이었습니다. 마침 메리 제인이 보고 실망한 표정을 짓습니다. 피터 파커가 변명을 하지만 듣지 않습니다. "네 행동이 너를 말하는 거야."라는 한마디로 일축합니다.

나중에 메리 제인이 위기에 처하게 됩니다. 스파이더맨이 구해줍니다. 스파이더맨이 메리 제인의 생명의 은인인 셈입니다. 그때 메리 제인이 거꾸로 매달린 스파이더맨과 키스를 나누는 장면은 명장면으로 꼽히기도 합니다. 메리 제인이 묻습니다. "당신은 누구인가요?" 스파이더맨이 답합니다. "내 행동이 나를 말해줘."

우리 행동과 우리는 분리되지 않습니다. 우리 안에 하나님의 영광을 사모하는 마음이 있으면 그 마음은 하나님의 영광을 사모하는 행동으로 확인될 것입니다. 우리 행동이 곧 우리를 보여 줍니다. 믿음은 마음의 문제가 아니라 태도의 문제입니다.

숨길 것과 보일 것

부교역자 시절, 구역예배를 마치고 다과를 나누는 자리에서 씁쓸한 얘기를 들은 기억이 있습니다. 한 분이 쓰레기를 버리는 문제로 옆집과 말다툼을 했다는 것입니다. (쓰레기 종량제 시행 이전입니다.) 한두 번 참다가 도무지 안 되겠다 싶어서 얘기를 꺼낸 것이 말다툼으로 번진 모양입니다.

다음날이 마침 주일이었습니다. 교회 갔다가 돌아오는데 집 앞에서 옆집 아주머니와 마주쳤습니다. 성경책을 들고 있으니 말다툼을 했다는 사실이 괜히 난처하더랍니다.

여기까지 얘기했는데, 옆에 있던 권사님이 얼른 말을 받았습니다. "그거 봐! 그러니까 성경책은 나처럼 가방에 넣고 다녀야 해!"

대체 무엇을 보이고 무엇을 숨겨야 합니까? 자기 성질을 보이기 위해서 성경을 숨겨야 합니까, 성경을 보이기 위해서 자기 성질을 숨겨야 합니까?

우리가 세상을 살아가면서 늘 이런 문제에 부대낍니다. 신앙을 공개하면 세상에서 불편한 일이 한두 가지가 아닙니다. 늘 손해 보고 늘 참고 늘 양보하며 살아야 합니다. 그래서 신앙을 숨깁니다.

이런 문제가 교회 밖에서만 있는 것이 아닙니다. 교회 안에서도 일어납니다. 교육전도사 시절의 일입니다. 교사들 사이에 장난스러운 말다툼이 있었습니다. 이렇게 해도 되고 저렇게 해도 되는, 별로 중요하지 않은 문제였습니다.

제가 판결을 내렸습니다. "교회에서는 신앙 좋은 사람이 양보하는 법입니다." 그다음에 어떻게 되었을까요? 저는 그렇게 말하면 서로 앞다퉈 양보할 줄 알았습니다. 그런데 그게 아니었습니다. 지금까지 자기가 옳다고 강변하더니 이번에는 자기 신앙이 안 좋다고 강변하기 시작했습니다. "저 집사님은 모태신앙이잖아요. 저는 이제야 겨우 10년이에요. 저 집사님에 비하면 아직 초신자예요.", "저는 말로만 모태신앙이에요. 저는 새벽기도 나가본 적이 없는데 저 집사님은 꼬박꼬박 새벽기도도 하잖아요. 성경도 저 집사님이 훨씬 많이 알아요."

무슨 뜻입니까? 차라리 신앙을 포기하고 말지, 자기주장은 포기하기 싫다는 뜻입니다. 자기에게 있는 신앙이 없어지는 것은 괜찮아도 자기가 손해 보는 것은 못 참습니다. 하나님 영광 가리는 것은 참아도 자기 자존심 상하는 것은 못 참습니다. 대체 언제까지 이래야 할까요?

가장 큰 오점

구약시대의 하나님은 참으로 영광스러운 분이었습니다. 하나님이 시내산에 임재할 때 하늘에서는 천둥, 번개가 치고 나팔소리가 들렸습니다. 온 산에 여호와의 영광이 가득했습니다.

그 하나님이 인간의 몸을 입고 세상에 왔습니다. 사람들과 더불어 일상생활을 나누기 시작했습니다. 그때부터 갑자기 찬밥 신세가 되었습니다. 아무도 하나님을 예배하지 않았습니다. 오히려 십자가에 못 박아 죽이고 말았습니다.

높고 높은 보좌에 앉아 계신 하나님을 예배할 수는 있습니다. 하지만 자기의 삶에 개입하는 것은 싫은 것을 어떻게 합니까? 혹시 우리가 "신앙은 신앙이고 생활은 생활이다. 하나님을 부인할 마음은 없지만 이 세상을 살아가는 문제에 대해서는 세상 법도를 따르겠다."라고 하면 하나님이 뭐라고 하실까요?

그런데 대부분 그런 생각을 합니다. 신앙은 신앙이고 세상은 세상이라는 것입니다. 자기에게 있는 신앙을 나타내야 할 장소가 세상이라는 사실을 모릅니다. 오히려 신앙 원칙을 고집하면 세상을 못 산다고 아우성을 칩니다.

우리는 소돔과 고모라의 멸망을 알고 있습니다. 그 성에서 구원 받은 사람은 롯뿐이었습니다. 롯이 살아난 이유는 하나님과 연결된 끈 때문입니다. 그런데 우리는 하나님과 연결되면 세상에서 살아남지 못할 것으로 생각합니다.

이 세상에서 신앙을 어떻게 지키느냐 하는 본격적인 신앙 싸움을 하기 전에 해야 하는 신앙 싸움이 있습니다. "신앙을 지키는 것이 손해라고 생각하는 것은 명백한 오해다. 신앙을 지켜야 오히려 제대로 살 수 있다."라는 사실을 인식하는 것입니다. 그것이 우리가 먼저 해야 할 신앙 싸움입니다.

어떤 사람이 있습니다. 깃털로 만든 침대 얘기를 들어보기는 했는데 아직 그런 침대에서 잠을 자본 적은 없습니다. 길을 가다가 깃털 하나를 발견했습니다. 집에 가지고 와서 그날 밤에 그것을 밑에 깔고 잤습니다. 다음날 아침에 눈을 뜨자마자 얘기합니다. "깃털 하나가 이렇게 불편하니 깃털 침대는 얼마나 불편할까?"

불신자가 그런 생각을 하는 것은 별수 없습니다. 예수를 믿는 것을 상상만 하는 것으로 지레 질겁하는 사람을 한두 번 본 것이 아닙니다. 본래 신앙이 있지도 않으니 자기가 처한 상황에서 나타내야 할 신앙도 없습니다.

하지만 신자가 그런 생각을 하는 것은 유감입니다. 예수를 믿는다고 하면서도 신앙을 복으로 알지 않고 짐으로 알고 있으면 어떻게 하자는 얘기입니까? 그러면 신앙은 최소한의 성의 표시로 때울 수밖에 없습니다. 행여 신앙 때문에 이 세상에서 손해라도 볼세라, 늘 조심해야 합니다.

〈잃어버린 시간을 찾아서〉는 마르셀 프루스트의 대표작입니다. 그 소설로 인해서 20세기를 대표하는 작가 중 한 사람으로 꼽히게 되었습니다. 〈잃어버린 시간을 찾아서〉에는 비하인드 스토리가 있습니다.

마르셀 프루스트가 〈잃어버린 시간을 찾아서〉를 집필했을 때 먼저 앙드레 지드에게 보여줬습니다. 그런데 앙드레 지드가 제대로 확인도 해보지 않은 채 출판을 거절했습니다. 훗날 앙드레 지드는 그 일이 자기 인생의 가장 큰 오점이라고 고백했습니다.

불신자들의 가장 큰 오점은 예수를 믿지 않은 것입니다. 그들은 나중에 한 목소리로 그 사실을 고백할 것입니다. 우리는 예수를 믿고 있으니까 전혀 해당 사항이 없느냐 하면 그렇지 않습니다.

예수를 믿고 있으면서도 그 신앙을 제대로 나타내지 않았다면 그것이 우리의 가장 큰 오점입니다. 그보다 더 큰 오점이 있을 수 없습니다. 신앙을 가지고 이 세상을 살아가는 것이 얼마나 복된 일인지를 체험할 생각은 하지 않고 지레 신앙을 보류했다면 그것이야말로 가장 큰 오점입니다.

당신은 누구입니까?

알랭 드 보통이 쓴 〈왜 나는 너를 사랑하는가〉라는 책이 있습니다. 그 책에 따르면 사랑에 빠지는 순간 더 이상 "나는 누구인가?"가 중요하지 않다고 합니다. "나는 상대방에게 누구인가?"가 더 중요하게 되기 때문입니다. 자기가 상대방한테 어떻게 보이는지에 모든 초점이 맞춰집니다.

본래 사람은 누구를 만나든지 항상 일정해야 하는 법입니다. 강자에게 약하고 약자에게 강한 사람은 참 꼴불견입니다. 만나는 상대방에 관계없이 똑같아야 합니다.

그런데 사랑이라는 감정이 개입되면 이게 안 됩니다. 사랑하는 사람 앞에서만큼은 자기가 아닙니다. 자기가 좋아하는 것이 중요하지 않고 "그 사람이 좋아해줄까?"가 중요합니다. 관점이 모두 상대방한테로 돌아서는 것이 사랑입니다. (연애시절을 떠올려보면 됩니다.)

우리가 하나님을 사랑하는 것이 맞습니까? "하나님께서 우리를 사랑하시잖아요?"라고 할 것 없습니다. 하나님께서 하실 일은 하나님께서 어련히 알아서 하십니다. 하나님은 우리를 사랑하셔서 우리와 시간을 보내고 싶어 하십니다. 우리가 하나님과 시간을 보낼 수 있도록 우리가 정결하게 되기를 바라십니다. 문제는 우리가 과연 하나님을 사랑하느냐 하는 것입니다.

우리 관심이 하나님께 있습니까, 우리에게 있습니까? 만일 하나님을 사랑하지 않는다면 우리는 누구입니까? 신자입니까, 불신자입니까? 신자는 신자인데 세상을 사랑하는 신자입니까? 네모는 네모인데 동그란 네모, 숲은 숲인데 나무 한 그루 없는 숲, 무지개는 무지개인데 단색 무지개 같은 것입니까?

아는 만큼

이스라엘이 출애굽을 할 때의 일입니다. 애굽에 열 가지 재앙이 내렸습니다. 아홉 가지 재앙으로도 완강하게 버티던 바로가 애굽의 모든 장자가 다 죽는 열 번째 재앙으로 항복하고 이스라엘을 내보내게 됩니다.

얼핏 생각하면 하나님이 바로를 굴복시키기 위해서 재앙을 열 가지나 내린 것 같지만 그렇지 않습니다. 바로가 무슨 수로 하나님을 대적합니까? 하나님은 마음만 먹으면 0.000001초 만에도 얼마든지 바로를 굴복시킬 수 있는 분입니다.

당시 이스라엘은 애굽의 노예였습니다. 그리고 애굽의 왕 바로는 사람이 아니라 태양신의 아들로 신격화된 존재였습니다. 이스라엘로서는 감히 쳐다볼 수도 없습니다. 그러니 이스라엘에게 바로보다 하나님이 더 위대하다는 사실을 교육시킬 필요가 있었습니다. 우리한테 적용시키면, 세상이 아무리 강해보여도 하나님이 더 강하다는 사실을 알려 주는 일이 필요했습니다.

바로는 어차피 하나님과 관계없는 사람입니다. 이제 곧 홍해에 빠져 죽을 것입니다. 그런 바로한테 하나님의 능력을 알려 줄 하등의 이유가 없습니다. 바로가 아니라 이스라엘이 알아야 합니다. 하나님을 알아야 하나님을 섬길 수 있기 때문입니다.

신앙은 하나님을 아는 지식에 근거합니다. 자기 마음이 얼마나 뜨거우냐는 별로 중요하지 않습니다. 자기가 하나님을 향하여 얼마나 간절한 소원을 가지고 있느냐도 문제가 안 됩니다. 하나님이 우리를 향하여 어떤 소원을 가지고 있느냐가 중요합니다. 하나님이 어떤 분인지를 아는 것이 신앙입니다.

우리는 어떤 사람에 대해서 얼굴 알고 이름 알면 안다고 합니다. 히브리인들은 그렇지 않습니다. 그들은 체험을 통해서 알아야 안다고 했습니다. 이력서나 자기소개서를 통해서 아는 것은 아는 것으로 치지 않습니다. 실제로 같이 지내봐서 아는 것이 아는 것입니다.

'알다'를 히브리어로 '야다'라고 합니다. 창세기에 "아담이 그의 아내 하와와 동침하매 하와가 임신하여 가인을 낳고…"라는 기록이 있습니다. 그때 '동침하다'에 해당하는 단어가 '야다'입니다. 아담이 하와를 알았더니 하와가 아이를 낳았습니다. 부부가 잠자리를 같이 할 정도가 되어야 아는 것입니다.

아는 것이 정보의 문제가 아니라 체험의 문제라면 믿음이라고 해서 다를까요? 교회에서 가장 강조하는 것이 믿음입니다. 믿음은 잘 믿기로 결심한 만큼 생기지 않습니다. 하나님을 아는 만큼 생깁니다. "하나님은 이 세상의 주인이라고 하더라."라는 얘기에 동의하는 것으로는 모자랍니다. 하나님이 이 세상의 주인인 것을 직접 체험해 봐야 합니다. 믿음은 지적 동의가 아니라 전인격적 반응입니다.

부교역자 시절의 일입니다. 몇몇 청년들이 모여서 하는 얘기를 귀 너머로 들었습니다. 미팅 나갈 사람을 모집하는 중이었습니다. 한 청년이 자기도 끼워 달라고 했습니다.

그런데 그 청년은 애인이 있었습니다. 사방에서 야유가 터져 나올 것은 당연합니다. 한 청년이 말했습니다. "하여간 있는 것들이 더해요." 그 청년도 치지 않고 너스레를 떨었습니다. "일단 있어 봐야 있는 것이 좋은 건 줄 알거든. 당연히 있는 사람이 더하지."

그 청년의 얘기가 상당히 마음에 와 닿았습니다. 우리는 일단 하나님을 알아야 합니다. 그래야 하나님을 아는 것이 소중한 것을 알아서 하나님을 더 알려는 욕구가 생깁니다. 하나님을 제대로 모르니 신앙생활에 대한 얘기만 나오면 골치가 아픕니다. 기껏 교회까지 나와 줬는데 뭘 더 하라는 얘기입니까? 신앙이 자라지 않는 데에는 다 이유가 있습니다.

상반된 평가

부교역자 시절, 현금자동입출금기 위에서 지갑을 발견한 적이 있습니다. 내용물을 확인하니 만 원짜리가 몇 장 있었습니다. 그냥 놓고 갈 수도 없고, 그렇다고 주인이 올 때까지 기다릴 수도 없고 은근히 난처했습니다. 잠깐 궁리하다가 그 자리에 메모지를 붙이고 왔습니다.

잠시 후에 연락이 왔습니다. 교회 위치를 설명해 주고는 교회 앞에 나가서 기다리노라니 어떤 아가씨가 왔습니다. 지갑을 건네주면서 "혹시 없어진 것 있나 확인해 보세요."라고 했습니다.

그런데 아가씨의 반응이 은근히 불쾌했습니다. 지갑을 열어 보더니 고개를 갸웃거리는 것이었습니다. 착오가 있느냐고 물었더니 모르겠다며 뒤돌아 갔습니다. 고맙다는 인사 한마디 없었습니다. (영덩이는 이럴 때 차라고 있는 게 아닌가 모르겠습니다.) "그냥 모른 척 놓고 올 걸, 괜히 찾아 줬나?" 하는 생각이 잠깐 머리를 스쳤습니다.

제가 그 아가씨의 지갑을 찾아준 이유가 무엇일까요? 고맙다는 인사를 듣기 위해서가 아니었습니다. 그 아가씨가 주인이었기 때문입니다. 혹시 고맙다는 인사를 듣고 싶어서 지갑을 찾아 줬는데 그런 인사를 못 들었으면 괜히 찾아 준 것이 맞습니다. 하지만 잃어버린 물건을 주인에게 돌려주기 위해서라면, 애초의 목적을 달성했으니 괜히 찾아 준 것이 아닙니다.

예수님이 십자가에 달리신 이유가 무엇입니까? 사람들로부터 고맙다는 인사를 듣기 위한 것이었으면 예수님은 헛수고를 하신 셈입니다. 하지만 사람들을 구원하기 위한 것이었으면 절대 헛수고가 아닙니다. 예수님이 누리기 원했던 기쁨은 사람들로부터 고맙다는 인사를 받는 기쁨이 아니라 사람들이 구원을 얻었다는 사실 자체였습니다.

역사상 처음으로 대서양과 태평양을 횡단한 사람이 마젤란입니다. 그가 발견한 해협을 마젤란 해협이라고 합니다.

필리핀 중부에 맥탄이라는 조그만 섬이 있습니다. 한때 필리핀이 미국 식민지였던 시절이 있습니다. 미국이 그 맥탄섬에 '마젤란의 죽음'이라는 제목의 표지판을 세웠습니다. "이 땅에서 마젤란은 1521년 4월 27일 맥탄섬의 수장 라프라프가 이끄는 군대와 전투를 하다 부상을 당해서 세상을 떠났다."라고 기록되어 있습니다.

필리핀이 주권을 되찾은 다음의 일입니다. 바로 그 옆에 '라프라프'라는 표지판을 세웠습니다. "1521년 4월 27일 라프라프와 그 부하는 스페인의 침략자를 격퇴시키고 그 지휘관 마젤란을 처치했다. 라프라프는 유럽의 침략자를 내쫓은 최초의 필리핀 사람이다."라고 기록되어 있습니다. 같은 사실을 놓고도 그에 대한 평가는 정반대로 갈릴 수 있습니다.

우리를 누가 평가합니까? 세상이 우리를 평가한다면 신앙을 따르는 일은 별로 가치 있는 일이 아닙니다. 그보다는 세상 풍조를 따르며 남들한테 인정받는 것이 훨씬 보람 있는 일입니다. 하지만 하나님이 우리를 평가한다면 얘기가 달라집니다.

우리의 관심이 누구의 평가에 있습니까? 우리는 마땅히 하나님을 기쁘게 하는 인생을 살아야 합니다. 하나님을 기쁘게 하는 것으로 우리의 기쁨을 삼을 수 있어야 합니다. 예수님이 우리를 위하여 그렇게 하셨습니다. 그리고 하나님이 우리에게 그것을 원하십니다. 우리는 하나님의 평가에만 신경 쓰면 족한 사람들입니다.

생각 단속

우리가 믿는 기독교에 가장 큰 해악을 끼친 사상을 꼽으라면 단연 진화론을 꼽을 수 있습니다. 다윈이 진화론을 발표한 이유가 무엇 때문입니까? 하나님을 대적하려고 한 것이 아닙니다. 자기 생각에는 그것이 옳아보여서 그렇게 한 것입니다.

진화론을 추종하는 사람들도 다 마찬가지입니다. 악의적으로 하나님을 대적하려고 진화론을 말하는 사람은 없습니다. 진화론을 말하는 사람에게 "당신은 하나님 편입니까, 사탄 편입니까?"라고 물으면 뭐라고 답할까요? 아마 하나님도 믿지 않고 사탄도 믿지 않으니 중립이라고 할 것입니다.

진화론에 따르면 하나님 형상대로 지음 받은 사람이 원숭이와 동격으로 전락합니다. 무엇보다도 하나님이 설 자리가 없게 됩니다. 그러면서 자기가 중립인 줄 압니다. 자기도 모르는 사이에 사탄을 따르고 있는 줄 꿈에도 모릅니다.

이동원 목사가 지구촌교회에서 목회할 때의 일입니다. 수지에 있던 예배당이 좁아서 고심하던 차에 마침 분당에 매물로 나온 백화점이 있었습니다. 가격을 알아보니 950억이었습니다. 교인들에게 의견을 물으니 반반으로 나뉘었습니다. 주로 교수들은 만장일치로 불가하다고 했고, 사업을 하는 사람들은 가능하다고 했습니다.

이동원 목사가 얘기했습니다. "한 달 동안 기도하고 다시 의논하기로 합시다. 단, 한 달 후에 모였을 때 기도하지 않은 사람은 발언하지 말기도 합시다."

책에서 이 내용을 읽으면서 '기도하지 않은 사람은 발언하기 없기'라는 말이 참 마음에 들었습니다. 기도하지 않고 발언한다는 얘기는 자기 생각을 말한다는 뜻입니다.

그때의 '자기 생각'은 '세상에서는 이런 경우에 이렇게 하더라'라는 범주를 넘지 못합니다. 아무리 심사숙고해도 별수 없습니다. "누가 이랬다, 누가 저랬다." 하는 얘기는 하나도 중요하지 않습니다. 교회는 그리스도의 몸입니다. 몸은 머리의 지시에 복종하면 그만입니다. 쓸데없는 안테나를 만들어서 다른 메시지를 들을 이유가 없습니다. 죄다 소음입니다.

집에 누군가 찾아와서 벨을 누르면 그때마다 현관문을 열어 주십니까? 그렇게 하는 집은 없습니다. 찾아온 사람이 누구인지 확인을 해야 합니다.

우리 머릿속에 떠오르는 생각에 대해서도 마찬가지라야 합니다. 아무 생각이나 다 받아들이면 안 됩니다. 그 생각의 근원을 확인해야 합니다. 경건에 도움이 안 되는 생각은 철저히 차단해야 합니다. 아이들에게 문단속을 교육하는 것처럼 우리 생각도 단속해야 합니다. 핸드폰이나 전자메일로 오는 스팸 메시지를 일일이 확인하고 답장할 필요는 없는 것과 같습니다.

좋은 일

〈하나님 땡큐〉라는 책이 있습니다. 억대 연봉을 포기하고 늦은 나이에 목회 전선에 뛰어든 부부 이야기입니다. 4남 3녀를 입양해서 키우고 있고, 부부가 다 신장을 기증하기도 했습니다. 대전에서 교회를 개척해서 목회하다가 후임자에게 넘겨주었습니다.

1년 가까이 쉬다가 임지를 놓고 기도를 시작했습니다. 임지가 나오면 아무리 먼 곳이라도 가기로 했습니다. 그런 얘기를 하면서 강원도 강릉이라도 간다고 했습니다. 아마 대전을 기준으로 우리나라에서 가장 먼 곳으로 강릉을 생각한 모양입니다. 그런데 정말로 강릉에 자리가 났습니다. 꼭 강원도 강릉으로 가겠다고 한 것이 아니라 강원도 강릉이라도 가겠다고 했는데 그렇게 되었습니다.

공부방을 운영하고 있어서 선뜻 강릉으로 가는 것이 쉽지 않은 상황이었습니다. 그게 전부가 아닙니다. 강릉 얘기를 듣고 고민하는데, 조건이 더 좋은 다른 곳에서도 연락이 왔습니다.

본격적으로 갈등이 시작되었습니다. "한 곳만 보여 주시면서 가라고 하시지, 왜 이렇게 좋은 자리도 함께 보여주시는지…" 잠깐 갈등을 했지만 기도 끝에 강릉으로 갔습니다.

그 내용을 읽으면서 속으로 생각했습니다. "우리에게 좋고 나쁜 기준이 무엇일까?"

의사와 변호사 중에 어느 쪽이 더 좋은 직업입니까? 아파트와 단독 주택 중에는 어느 쪽이 더 좋은 집입니까? 돈 많은 사람과 잘생긴 사람은 누가 더 좋은 사람입니까? 100명 모이는 교회와 1,000명 모이는 교회는 어느 교회가 더 좋은 교회입니까?

질문을 바꿔보겠습니다. 왕복 2차선 도로가 좋은 길입니까, 왕복 8차선 도로가 좋은 길입니까? 붐비는 도로가 좋은 길입니까, 뻥 뚫린 도로가 좋은 길입니까? 서울로 가는 길이 좋은 길입니까, 부산으로 가는 길이 좋은 길입니까? 도심지에 있는 아스팔트 도로가 좋은 길입니까, 시골에 있는 오솔길이 좋은 길입니까?

이런 질문은 말이 안 됩니다. 목적지와 연결된 길이 좋은 길입니다. 좋은 길, 나쁜 길 여부가 길 자체로 결정되는 것이 아니라 목적지에 따라 결정됩니다.

차제에 우리는 어떤 것이 좋은 것이고 어떤 것이 나쁜 것인지에 대한 생각을 성경적으로 정리할 필요가 있습니다. 목적지에 연결된 길이 좋은 길인 것처럼 하나님 뜻에 합당한 것이 좋은 것입니다. 우리는 좋고 나쁜 것에 대해서 남들과 다른 기준을 갖고 있는 사람들입니다.

얼마 전에 문상을 다녀왔습니다. 고인이 88세였습니다. 몇몇 사람들이 얘기하면서 호상이라고 하는 것을 귀 너머로 들었습니다. 물론 호상 맞습니다. 하지만 왜 호상인지 따져볼 필요가 있습니다. 오래 살았다는 이유만으로 무조건 호상일 수는 없습니다. 만일 그렇다면 평균 수명을 넘긴 사람은 죽는 것이 좋은 일이라는 뜻입니까?

호상인지 아닌지를 누가 결정해야 합니까? 유족이나 문상객이 결정하면 안 됩니다. 죽은 당사자가 결정해야 합니다. 호상(好喪)의 호는 좋을 호(好)입니다. 죽은 것이 좋은 일이 되려면 호상 여부는 얼마나 오래 살았느냐로 따지는 것이 아닙니다. 죽어서 어떻게 되었는지로 따져야 합니다. 즉 그리스도 안에서 죽었는지 여부로 따져야 합니다. 그리스도 안에서 일어나는 일은 좋은 일입니다.

등록상품

사람은 다 자기중심적입니다. 단체사진을 찍으면 극명하게 드러납니다. 누구나 자기 얼굴을 가장 먼저 찾아봅니다. 몇몇 사람이 흐리게 나와도 자기가 잘 나왔으면 잘 나온 사진이라고 합니다. 물론 반대의 경우도 성립합니다. 다 잘 나와도 자기가 눈을 감았으면 잘 안 나온 사진입니다. 특별히 이기적인 사람이 그런 생각을 하는 게 아닙니다. 그렇게 생각하는 것이 사람의 본성입니다. 자기가 가장 중요합니다.

이때 자기보다 덜 중요한 범주에는 다른 사람들만 들어가는 것이 아닙니다. 하나님도 거기에 포함됩니다. 그래서 신앙까지도 자기중심적이 될 수 있습니다. 자기가 행복해야 하고, 자기가 만족해야 하고, 자기가 기뻐야 합니다.

그러면 하나님께서 무엇을 원하시는지 궁금하게 생각할 이유가 없습니다. 자기가 어떻게 해야 하나님이 자기 소원을 들어줄지가 궁금할 따름입니다. 하나님은 자기를 행복하게 해 주고, 자기를 만족하게 해 주고, 자기를 기쁘게 해 주는 분입니다. 자기가 하나님의 영광을 위하여 존재하는 줄은 모르고 하나님이 자기를 위하여 존재하는 줄 압니다.

스탈린 시대의 일입니다. 러시아를 빛낸 최고의 음악가 차이코프스키 기념상 도안을 공모했습니다. 수많은 응모작이 있었는데, 심사위원 전원의 만장일치로 1등이 결정된 작품이 있었습니다. 스탈린이 차이코프스키의 곡에 심취해 있는 모습이었습니다.

스탈린 치하의 소련에서는 누가 뭐래도 스탈린이 기준입니다. 스탈린이 인정하는 것보다 더 좋은 것이 있을 수 없습니다. 하나님의 다스리심을 받는 우리에게 같은 모습이 있어야 합니다. 우리가 기준이 아닙니다. 하나님이 기준입니다. 하나님을 기준으로 생각하고 하나님을 기준으로 처신하는 것이 신앙입니다.

그런 신앙은 예수 그리스도 밖에 있는 사람에게서는 나타나지 않습니다. 예수 그리스도 안에 있는 우리에게만 나타납니다. 신앙이 곧 우리의 '등록상표'입니다. 짜지 않으면 소금이 아니듯이 어둠을 밝히지 않으면 빛이 아니듯이 신앙이 나타나지 않으면 신자가 아닙니다.

오늘보다 귀한 내일

요즘 10대는 제가 10대이던 때와 많이 다릅니다. 예전에는 대부분의 10대가 한 번쯤은 문학소년, 문학소녀를 꿈꿨습니다. 책꽂이에 시집 한두 권 없는 학생이 드물었습니다. 사춘기가 되면 이른바 개똥철학에 빠지기도 했습니다. "나는 누구인가?", "인생은 무엇인가?" 등의 문제를 놓고 하염없이 고민하는 것입니다.

그런 고민을 하고 있으면 "어린것이 뭘 아느냐?"라고 할 수 있습니다. 하지만 그런 문제는 어리기 때문에 모르는 것이 아닙니다. 어른은 고민해 봐야 모른다는 사실을 알아서 지레 고민을 하지 않는 것뿐입니다.

하나님이 이 세상을 만드셨습니다. 우리는 하나님의 피조물입니다. 자기가 누구인지, 왜 이 세상에 태어났는지, 인생이 무엇인지에 대한 답은 여기에서 비롯됩니다. 하나님을 알아야 인간을 알 수 있습니다. 하나님을 모르면 인간도 모릅니다.

파스칼의 〈팡세〉에 천국에 대한 이야기가 있습니다. "세 사람이 있다. 한 사람은 내일 무슨 일이 일어날지 전혀 모른다. 또 한 사람은 내일 굉장히 불길한 일이 일어날지 모른다는 생각을 하고 있다. 다른 한 사람은 내일 결혼할 사람이다. 이 세 사람 중 누구의 오늘이 가장 보람 있는 오늘이 되겠는가?"

답은 뻔합니다. 내일 결혼할 사람한테 오늘이 얼마나 중요한 날이겠습니까? 하지만 내일 무슨 일이 일어날지 전혀 모르는 사람은 막연하게 살 따름입니다. 또 내일 불길한 일이 일어날지 모른다는 생각을 하는 사람은 오늘을 불안하게 보낼 것입니다.

이 이야기는 내세에 대한 관심이 단지 내세를 위해서만 중요한 것이 아니라는 사실을 보여줍니다. 내세에 대한 기대가 오늘을 어떻게 살지를 결정합니다. 오늘을 보람 있게 살려면 오늘보다 더 귀한 내일이 있어야 합니다.

하나님은 우리를 그리스도 안에서 하나님의 기업으로 부르셨습니다. 우리로 하여금 그리스도 안에서 하나님을 찬양하며 살도록 하는 것이 하나님의 계획입니다. 우리의 오늘은 그런 하나님의 계획에 맞춰져야 합니다.

시시한 천국

제가 유난히 꺼리는 표현이 있습니다. "천국이 따로 없다", "여기가 천국이다" 같은 표현입니다. 천국 대신 지옥이 들어가도 마찬가지입니다. 우리가 사는 세상에서 천국이나 지옥에 비유할 수 있는 상황이 실제로 존재할까요? 수사법 중에 과장법이 있는 것을 모르지는 않습니다. 아무리 그래도 천국이나 지옥을 너무 가볍게 말하는 것 같아서 싫습니다.

몇 년 전에 일본에 엄청난 지진 참사가 있었습니다. 뉴스 앵커가 "흡사 지옥을 보는 듯합니다.", "평화롭던 마을이 삽시간에 지옥으로 변했습니다." 등의 말을 했습니다. 가능한 일은 아닙니다만 지옥에 있는 사람한테 그 광경을 보여주면 뭐라고 할까요? 혹시 "와! 저기가 말로만 듣던 천국입니까?"라고 하지는 않을까요? 지진 참사를 희화화하려는 의도가 아닙니다. 천국, 지옥은 상대적인 개념이 아니라는 사실을 말하고 싶어서 그렇습니다.

세상에서는 '알바 천국'이니 '김밥 천국'이니 하는 말을 씁니다. 사람들이 상상하는 천국이 어떤 곳인지를 짐작하게 합니다. 사람들은 자기한테 유리한 조건이 극대화된 곳을 천국으로 얘기합니다.

천국은 그런 곳이 아닙니다. 우리 소원이 완성되는 곳이 아니라 구원이 완성되는 곳입니다. 우리가 그리스도와 같은 영광을 누리게 되는 곳입니다. 우리는 그곳에서 하나님과 완벽한 교제를 누리게 됩니다.

드라마 〈정도전〉에 그런 내용이 있었습니다. 고려 말 권신으로 온갖 세도를 누리던 임견미가 처형됩니다. 최영이 임견미한테 극락왕생을 빌어 준다고 하자, 임견미가 말합니다. 자기한테는 모든 것을 누리던 고려가 극락인데 무슨 극락이 또 있느냐는 것입니다.

만일 천국이 그런 곳이면 굳이 갈 이유가 없습니다. 돈만 많으면 이 세상이 천국입니다. 많은 사람들이 돈과 건강을 원하는 이유가 그것 때문인지도 모르겠습니다.

할 수만 있으면 이 세상에서 영원히 살고 싶은데 그것이 불가능하기 때문에 별수 없이 가는 곳이 천국일까요? 그러면 천국은 주님을 사랑하는 사람이 가는 곳이 아니라 지옥이 싫은 사람들이 가는 곳입니까?

뭔가 이상합니다. 말로는 주님을 사랑한다고 하는데 아무도 뵙고 싶어하지 않습니다. 구원 얻었다고 말은 하면서 그 구원의 완성을 기대하지도 않습니다. 천국이 그렇게 시시한 곳이면 우리가 믿는 기독교도 시시하게 됩니다. 정말 큰일입니다.

의미 있는 선택

학생 때 가장 인기 있는 소설은 단연 〈삼국지연의〉였습니다. 사실 그 시절에는 읽을 만한 책도 별로 없었습니다. 〈삼국지연의〉는 시작부터 흥미진진합니다. 사방에서 영웅이 일어나고, 그 주변으로 사람들이 모여듭니다.

영웅 주변에 사람들이 모이는 이유가 있습니다. 사람들은 자기 노력이 헛되이 끝나는 것을 원하지 않기 때문입니다. 능력을 제대로 발휘하려면 아무나 섬기면 안 됩니다. 주인을 잘 골라서 섬겨야 자기 능력이 그만큼 빛을 발합니다. 투표 때마다 '사표 방지 심리'가 거론되는 이유도 마찬가지입니다. 가급적이면 될 사람을 찍고 싶은 것이 인지상정입니다.

무의미한 인생을 살기를 바라는 사람은 없습니다. 전부 다 의미 있는 인생을 살고 싶어 합니다. 우리 인생에 의미가 부여되는 가장 좋은 방법을 제가 알고 있습니다. 하나님의 뜻으로 말미암는 인생을 사는 것입니다. 사람의 뜻은 무산되는 일이 허다하지만 하나님의 뜻은 늘 이루어지기 때문입니다. 거기에 동참하면 우리 인생에는 저절로 의미가 부여됩니다.

물론 우리가 하나님의 뜻을 속속들이 다 알지는 못합니다. "하나님, 이럴 때는 어떻게 해야 합니까?" 하고 아무리 기도해도, 답을 모를 때가 비일 비재합니다. 그래도 꾸준히 연습해야 합니다.

일단 하나님의 뜻에 관심을 가져야 합니다. 아무 생각 없이, 세상 풍조 따라서, 남들 살아가는 방식대로 살면서 자기가 하나님의 뜻을 행하고 있기를 바라는 것은 말이 안 됩니다. "내가 예수를 믿는 사람인데 이럴 때는 어떻게 하는 것이 옳은가?", "지금 나를 향한 하나님의 뜻은 무엇인가?"라는 질문이 항상 있어야 합니다.

천 리 길도 한 걸음부터라고 했습니다. 몰라서 못하는 것은 별수 없습니다. 하지만 아는 것은 해야 합니다. 알면서 안 하는 건 반칙입니다. 다이어트하기 제일 좋은 때는 내일이지만 신앙 지키기 제일 좋은 때는 지금입니다. 우리 인생은 하나님의 뜻으로 채워지는 만큼 복될 것입니다.

SNS에서 퍼올린 하루 한 말씀

초판 1쇄 발행 2019. 10. 15.

■지은이   강학종
■펴낸이   방주석
■펴낸곳   베드로서원
■주 소   10252 경기도 고양시 일산동구 고봉로 776-92
■전 화   031-976-8970
■팩 스   031-976-8971
■이메일   peterhouse@daum.net
■창립일   1988년 6월 3일
■등 록   (제59호.) 2010년 1월 18일

ISBN 978-89-7419- 03230

책값은 뒤표지에 있습니다.

베드로서원은 말씀과 성령 안에서 기도로 시작하며
영혼이 풍요로워지는 책을 만드는 데 힘쓰고 있으며,
문서선교 사역의 현장에서 세계화의 비전을 넓혀가겠습니다.

나의 힘이신 여호와여 내가 주를 사랑하나이다(시 18:1)